JN450421

Мансийские сказки

만시인 이야기

<지식을만드는지식 소설선집>은
인류의 유산으로 남을 만한 작품만을 선정합니다.
오랜 시간 그 작품을 연구한 전문가가
정확한 번역, 전문적인 해설, 풍부한 작가 소개, 친절한 주석을 제공하는
고급 소설 선집입니다.

지식을만드는지식 소설선집

시베리아 설화집

Мансийские сказки

만시인 이야기

작자 미상

안동진 옮김

대한민국, 서울, 지식을만드는지식, 2019

편집자 일러두기

- 이 책은 ≪Ханты-мансийские сказки≫(М. Вагатова А. Тарахов, Средне-Уральское книжное издательство, 1977)를 원전으로 옮긴이가 가려 뽑아 번역했습니다.
- 주석은 모두 옮긴이가 단 것입니다.
- 외래어 표기는 현행 한글어문규정의 외래어표기법을 따랐습니다.

차 례

만시인 이야기

세상의 창조

신성한 남편 아버지[1]가 이 세상, 이 시베리아를 창조했다. 나무는 없었고 마른 땅도 없었고 어디나 물이었고 어디나 안개였다. 신성한 남편 아버지의 아들은 안개 속을 걸어 다니면서 분리 이후에[2] 물속에서 말했다.

"나를 지탱할 수 있을 만큼의 크기로 툰드라의 언덕을 창조할 수는 없을까?"

그가 목구멍 깊은 곳에서 나온 검댕이에 자신의 침을 뱉자 툰드라 언덕이 생겨났다. 이제 그는 이 툰드라 언덕에서 시간을 보내고 음식을 하고 밤을 보냈다. 그가 그렇게 사는 동안 누군가가 와서 비틀거렸다가 가라앉았다가 떠올랐다가 했다. 다가가 보니 바람이 실어 온 악마였다. 악마는 여기서 토하고 저기서 뜯어 먹고 했다. 악마에게는 단단한 나무로 된 창이 있었다. 악마는 그 창을 여기로 던지고 저기로

---

1) '신성한 남편 아버지'는 최고신 눔 토룸을 가리키는 말이다.

2) 분명히 여기서는 아버지와 아들 간의 다툼을 말하는 것이다. 이후에 아들은 땅으로 내려와서 자신의 문화적 업적을 수행한다(이 경우에는 땅과 사람을 창조한다).

던지고 했다. 신성한 소년은 참을 수가 없어서 주머니에서 물새 두 마리를 꺼내 이렇게 말했다.

"바늘 같은 부리를 가진 내 두 딸아, 그를 어떻게든 해 봐라."

물새들은 악마를 쪼아 찢기 시작했고 죽였다. 신성한 소년은 속으로 말했다.

"내 아버지가 나한테 화를 낸다면 나는 위험을 무릅쓰고 땅이 솟아오르게 할 테다."

소년은 무섭기도 하고 무섭지 않기도 했다.

그는 말했다.

"바늘 같은 부리를 가진 내 딸들아, 앞다투어 둘 다 잠수를 해라. 둘 중 누가 살아 있는 땅을 가져오는지, 둘 중 누가 살아 있는 세계를 불러오는지, 둘 중 누가 죽은 세계를 불러오는지 보자."

그러자 물새들은 잠수를 했다. 물새들은 순례를 하고 또 했고 7년여가 흘렀다. 7년까지 7개월이 모자랐을 때 한 물새가 솟아올라서 소리쳤다.

"저는 죽은 세계에서 깨어났어요."

그리고 7년이 더 흐른 뒤 다른 물새가 표면으로 떠올랐다. 그 물새가 날개를 툭툭 털었던 곳에 흙더미가 나타났고 그곳에 돌투성이 땅이 생겨났다. 신성한 소년은 아버지한테 가서 물었다.

"아버지의 새가 죽은 세계를 불러왔어요."

그러자 신성한 아버지는 말했다.

"죽은 세계를 나는 먼저 지시했다. 만약 그러지 않았다면 자라나는 소녀들과 소년들을 어디에 들어가게 한단 말이냐? 자라나는 나무들 사이에는 자리가 부족하고 자라나는 풀들 사이에도 장소가 부족하다. 서로서로 자기들 사이에서 음식을 찾을 수가 없고 마실 것을 찾을 수가 없을 것이다. 서로서로 자기들 사이에서 먹을 것을 찾지 못하면 그들은 서로서로를 찢어 죽이기 시작할 것이고 서로서로를 먹기 시작할 것이다."

신성한 소년은 목구멍 깊은 곳에서 나온 검댕에 침을 뱉었다. 침은 마르고 굳기 시작했으며 그 속에서 털북숭이 벌레, 털북숭이 뱀이 생겨났다. 이 털북숭이 벌레와 뱀은 흔들거렸다. 밤 쪽에서 바람이 불어 벌레에 스치면 흔들거렸고, 낮 쪽에서 바람이 불어 벌레에 닿으면 흔들거렸다. 벌레가 바람에 흔들거리면서 누워 있는 동안 벌레에게 빗방울이 떨어졌고 물방울이 떨어졌다. 빗방울에서, 녹은 물에서 벌레가 자라났다. 벌레는 여자만 한 크기로, 남자만 한 크기로 자라서 사람이 되었다.[3] 사람은 살기 시작했고 살아갔다. 어느 날 그가 사냥을 하면서 돌아다니고 있을 때 여자 에르슈[4]

와 마주쳤다.

그녀가 말했다.

"당신이 바로 무엇인가로부터 생겨난 귀중한 소년, 귀중한 남편인가요? 낡은 밧줄을 준비하셨나요?"

작은 사람은 그녀에게 대답했다.

"낡은 밧줄이란 뭐요?"

그녀가 말했다.

"나예요. 나는 소위 앞으로 기어가는 두 엉덩이의 여자예요. 저는 여기 있어요. 당신은 어디서 생겨났어요?"

작은 사람은 물었다.

"당신은 어디서 생겨났소?"

그녀가 말했다.

"저는 하늘이 생긴 다음, 땅이 생긴 다음, 검은 땅[5)]이 생겨났을 때 생겨났죠. 검은 땅은 두 부분으로 쪼개졌어요. 그래서 그 틈새에서 올라온 것이 나예요. 나는 검은 땅에서 생

---

3) 한티 신화에서도 사람을 포함한 모든 동물들이 벌레에서 생겨났다는 이야기가 있다.

4) 만시인의 설화에 등장하는 최초의 여자를 일컫는다.

5) 소시빈의 만시족은 땅의 두 층, 즉 오래된 땅과 좀 더 늦게 된 땅을 구별한다. 첫 번째 층은 검은색의 툰드라 땅으로 대홍수 때부터 존재했다. 더 늦게 발생한 땅 층은 우리가 지금 사는 땅이다.

겨났어요. 당신은 신성한 남편 아버지한테서 생겨났구요. 당신은 신성한 남편 아버지의 눈물이에요."

작은 사람이 생각에 잠겼다. 그가 말했다.

"어떤 낡은 밧줄에 대해 말하는 거요?"

여자 예르슈가 대답했다.

"이런 밧줄에 대해 말하는 거예요."

그녀는 이렇게 말하면서 등을 젖혔다. 그녀는 작은 사람을 획 잡아서 껴안았다. 그녀는 작은 사람을 밑으로 끌어당기고 또 당겼다. 그녀가 말했다.

"낡은 밧줄은 이런 거예요."

여자 예르슈는 작은 사람을 자신의 엉덩이에 문질렀고 작은 사람은 전혀 간지럽지가 않았다. 남자의 음경과 고환이 겨드랑이 밑에 있었다. 그녀는 작은 사람의 음경과 고환을 겨드랑이에서 뜯어내서 작은 사람의 다리 사이로 던졌다. 그들은 결혼했다.

그들이 그렇게 살고 있을 때 여자 예르슈는 얇은 외피를 가지고 있었고 남자는 가죽 외피, 나무껍질 외피를 가지고 있었다. 남자는 이 외피를 입고는 몸을 구부릴 수가 없었다. 여자 예르슈가 말했다.

"공작 부인의 내 아들아, 이 외피를 입고 당신은 구부릴 수가 없어요. 무슨 외피예요? 나무껍질 외피예요? 아니면 자작나무 껍질 외피예요? 가세요. 당신의 사냥터, 당신의 산림이 있는 그곳에 단추만 한 잎사귀가 셋 달린 딸기 넝쿨이 있고 그 딸기 넝쿨에 딸기가 세 개 있어요."

남자는 출발해서 숲에 도착했다.

"어떤 세 딸기에 대해 말을 한 거지? 찾아봐야겠군."

그는 사냥하며 돌아다니며 모든 것을 살펴보았다. 보고 또 보다가 잎사귀 셋 달린 딸기 넝쿨을 찾았다. 그리고 그 딸기 넝쿨에서 딸기 세 개를 찾았다. 딸기 두 개는 그가 먹었고 하나는 집에 가져갔다. 집에 와서 아내를 불렀다.

"공작 부인의 내 딸아. 당신이 말했던 딸기가 여기 있어요."

딸기 두 개를 먹은 이후에 남자의 단단한 외피는 벗겨지기 시작했다. 집에서 그는 마지막 남은 딸기를 먹었고 이제 단단한 외피는 완전히 벗겨져서 얇은 외피만 남았다. 얼마 동안 그렇게 살았고 그다음에 그들은 딸과 아들을 수없이 많이 낳았다.

해와 달을 얻은 이야기, 땅 위에 새와 동물이 생겨난 이야기

툰드라의 언덕에 노파가 노인과 함께 살고 있었다. 어느 날 노파가 현관에 나가 보니 갓 태어난 아이가 놓여 있었다. 아이는 요람에 누워서 울고 있었다.

"여보, 아이를 집으로 데려갈까요?"

노파의 말에 노인이 집에서 뛰어나왔다. 그들은 아이를 안아서 집 안으로 데려갔다. 노파가 아이를 키우기 시작했다. 소년을 요람에 태워 흔들었고 노래를 불러 주었다. 어느 날 소년이 말했다.

"엄마, 내가 싸울 수 있는 곳을 알려 주세요."

아버지가 대답했다.

"그런 곳은 없단다."

"엄마, 아마도 엄마는 알 테니 내게 알려 주세요."

어머니가 말했다.

"그런 장소가 있단다. 눔 토룸의 딸이 사는 곳이라고 하더라.[6] 네가 싸우고자 하는 강한 바람이 생겼다면 그녀한테

---

6) 카짐강의 한티족의 영혼, 카짐 이미를 말한다.

가 보렴. 너의 전투 장소는 거기다! 눔 토룸은 유언을 남겼단다. 그 누구도 그녀에게 맞서지 말라고. 만약 누군가가 그녀를 치려 한다면 땅속으로 가서, 일곱 바다, 일곱 땅을 관통해서 지나야 한다고."

소년은 길 떠날 채비를 했다. 어머니는 그에게 대접 조각을 주었다.

"만약 네 손, 네 다리가 불행을 당하면 이 대접 조각을 반으로 쪼개어라."

엄마는 그에게 키스했고 소년은 떠났다. 어머니는 눈물범벅이 된 얼굴로 집에 남았다.

소년은 얼마 동안 가다가 길에서 일곱 마디 지팡이를 발견했다. 길에 지팡이를 꽂았다가 다시 들고 계속 갔다. 어느 날 위에서 사람 목소리가 들렸다.

"손자야!"

"누구세요?"

"어디로 가는 거냐?"

"땅을 둘러보고 힘을 시험해 보려고요."

"힘을 시험하지 마라. 내가 네게 할 일을 주마."

"어떤 일인데요?"

"새와 네발짐승들을 만드는 일이란다."

"어떻게 제가 동물들을 만들 수 있겠어요? 완전히 깜깜하고, 해도 달도 없는데요. 내가 어디서 해와 달을 가져올 수 있을까요?"

"훌 오티르[7]한테 있단다."

"에…."

소년은 풀 세 포기를 뜯어 비비 꼬아 입김을 불었다. 그의 손에서 발톱이 긴 동물이 튀어나왔고 소년의 주위를 뛰어다니면서 말했다.

"위대한 여인의 아들, 용사의 아들이여, 무엇을 하라고 명령하시렵니까?"

"일곱 사젠[8] 깊이로 땅을 파거라."

발톱이 긴 동물은 땅을 파기 시작했다. 땅 덩어리가 까마귀들처럼 위로 솟아오를 정도로 땅을 팠다. 마침내 아래 세계로 가는 길이 뚫렸다. 그곳을 들여다보니 너무나 밝았다! 해도 달도 밝게 빛나고 있었다. 사람들이 다니는 것도 보였다. 틈을 통해서 모기들이 위로 올라오기 시작했다. 한 모기가 노래를 불렀다.

판 파리시 판 파니!

---

7) 훌 오티르 : 쿨이라고도 하며 악마를 칭한다.

8) 사젠 : 길이 단위로, 1사젠은 2.134미터다.

위 세계에는 사람들이 산다네.
위 세계로 나는 날아가네.
세상 사람들한테서 피를 마실 거라네.

모기들이 너무나 많이 날아와서 온 땅이 모기로 가득 찼다. 소년은 아래 세계로 내려가서 훌 오티르의 집으로 들어갔다.

"너는 여기 왜 왔느냐?"

훌 오티르가 물었다.

"뭐 좀 물어보려구요."

"무엇을 물어보고 싶은 게냐?"

"왜 당신한테는 그렇게도 모기가 많아요? 저기 좀 보세요. 땅에 얼마나 많은 모기들이 날아다니는지."

훌 오티르가 모기를 보기 시작했을 때 소년은 자신의 담뱃갑을 열고 담배를 조금 집어서 훌 오티르의 눈에 불었다. 훌 오티르는 두 눈이 담배 가루로 덮여서 전혀 볼 수가 없게 되었다.

훌 오티르는 해와 달을 자기 집에 두고 있었다. 소년은 손을 뻗어서 해와 달을 낚아채서 도망치기 시작했다. 훌 오티르는 그의 뒤를 쫓아갔다. 소년은 거위로 변해서 계속 날아갔다. 훌 오티르는 강철 기러기로 변했다. 소년은 소리치면서 눔 토룸에게 날아갔다.

“아버지, 아버지, 그가 나를 따라잡고 있어요!”

눔 토룸은 집에서 나와 아래에 대고 소리쳤다.

“달과 해를 위로 던져라!”

소년은 해와 달을 던졌고 거기에 걸리게 되었다.

눔 토룸은 소년을 맞으러 달려 나왔고 자신의 번쩍이는 칼을 들었다. 훌 오티르는 칼을 보더니 울면서 뒤로 되돌아갔다. 그리고 이렇게 말했다.

“너는 밝은 곳에 살게 되겠지만 나는 어두운 곳에 남겠다! 사람들의 영혼이 내게 빠져들게 되면 그들도 어둠 속에서 살게 될 것이다.”

“자, 그럼 내가 네게 해의 반쪽을 주겠다.”

“반쪽 해로 무슨 빛이 있겠어요!”

“싫다면 전혀 해 없이 그렇게 살거라.”

눔 토룸은 아들과 함께 집으로 돌아왔다. 그들은 식탁에 앉아 먹고 마셨다. 소년은 식탁에서 일어나서 아버지와 작별 인사를 나누고 거위로 변해서 날아갔다. 한참을 날아가다가 땅에 내려앉았다. 땅에서 또다시 사람으로 변해서 걸어갔다. 얼마 동안 걸어가다가 한 곳에서 돌덩이 두 개를 집어 들었다. 그 돌을 서로 잘 문질렀더니 털북숭이 꼬리가 달린 개가 생겨나서 소년의 뒤를 따라 뛰어가기 시작했다. 길에서 소년은 자작나무에서 잎사귀 세 개를 뜯어서 파이프에 돌돌 말아 넣고 입김을 불었다. 그랬더니 작은 동물인 들쥐가 생겨났다. 그들은 함께 계속 걸어갔다. 소년은 전나무에서 나뭇가지를 꺾어 동물과 비슷하게 대패로 밀었다. 그랬더니 털이 보드라운 담비가 생겨나 그들 뒤를 따라왔다. 이렇게 길을 가다가 새로운 동물들을 모두 만들었다. 그는 머리가 기우는 데로 걸어갔다. 소년이 걸어가는 곳으로 짐승들도 뛰어갔다. 얼마 동안 가다가 앞을 보니 바닷가에 불꽃이 보였다. 불에서 나온 불꽃이 위로 올라가고 있었다. 그곳에 도착해서 보니 여자가 누워 자고 있었다. 그녀가 숨을 쉴 때 콧구멍에서 불꽃들이 날아 올라갔다.

그는 지팡이로 여자를 때리고 싶었는데 그 순간에 여자가 숨어 버렸다. 여자는 땅 밑으로 사라졌고 머리만 어른거렸다. 소년은 어머니가 주셨던 대접 조각을 깼다. 그랬더니 갑옷이 생겼다. 갑옷을 입고 여자 뒤를 쫓아갔다. 계속 쫓아가다가 앞을 보니 여자가 멀리서 뛰어가고 있는 것이 보였다.

소년이 여자를 따라잡았을 때 그녀는 뒤돌아서 멈추었다. 소년은 그녀를 붙잡고 싸우기 시작했다. 얼마 동안 싸우다가 마침내 두 사람은 땅바닥에 쓰러졌다. 여자도 소년도 힘이 빠졌다. 그들의 힘은 똑같았다.

"됐어요. 그만 싸워요. 당신은 나를 죽일 수가 없고 나도 당신을 당해 낼 수가 없어요."

여자가 말했다.

서로를 풀어 주고는 작별 인사를 나누고 각자의 방향으로 흩어졌다. 소년은 계속 갔다. 얼마 동안 가다가 땅 아래로 내려갔던 틈에까지 이르게 되었다. 소년은 위로 기어 나와서 자기 동물들에게 말했다.

"개야, 너는 가서 사람을 찾아라. 쥐는 건초 더미가 있는 곳을 찾아가 봐라. 거기에 둥지를 만들어라."

그리고 여우에게 말했다.

"너는 숲으로 달려가서 만약 쥐가 너희 집에 오거든 죽여라. 너는 쥐를 죽이는 자가 될 것이다."

동물들은 흩어져 달려갔고 소년은 계속 걸어갔다. 얼마 동안 걸어갔다. 어느 날 앞을 보니 온 땅에 불이 활활 타오르고 있었다. 거기로 갔더니 이것은 땅이 아니라 불의 바다였다. 어떻게 바다를 건너가지? 일곱 마디 지팡이를 바다를 가로질러 놓았더니 바다 전체를 가로질러 갈 수가 있었다. 침을 뱉었더니 사람이 지날 수 있는 너비의 다리가 나타났다. 그는 불의 바다를 지나 뛰어갔다. 지팡이를 도로 주워 들고 계속 걸어갔다. 어느 날 위에서 아버지의 목소리가 들렸다.

"네 형제들을 만나지는 못했느냐?"

"아니요. 못 만났어요."

"이리 올라오거라."

소년은 거위로 변하려고 했지만 되지 않았다. 울기 시작했다. 아버지가 그에게 말했다.

"왜 우느냐?"

"모습을 변화시킬 수가 없어요."

아버지는 위에서 그에게 입김을 불었고 금빛 목의 거위가 위로 날아 올라갔다. 소년은 금빛 목의 거위의 모습으로 아버지 눔 토룸에게 날아가기 시작했다. 소년은 창가로 날아들어서 바닥 중앙에 내려앉았고 사람으로 변했다.

눔 토룸의 아들이 모두 모여 있었다. 그들은 식탁에 앉아서 먹기 시작했다. 먹고 마시고 작별 인사를 하고 헤어졌다.

소년은 자기의 지역으로 날아갔다. 그리고 지금도 거기서 살고 있다. 그의 이름은 노란 할미새 작은 용사다. 노란 할미새의 모습을 가진 용사가 바로 그다.9)

---

9) 노란 할미새는 카짐강 한티족에게 숭배를 받았고, 그들은 그 모양을 어깨에 문신했다. 노란 할미새는 만시족에게 만야파울 마을 주민들의 선조로 여겨졌다.

땅에 띠 두르기

이올리 토룸 샨[10)]이 땅으로 내려왔다. 날개 달린 칼림[11)]도 땅에 내려왔다. 그들은 세상에서 살기 시작했다.

어느 날 이올리 토룸 샨이 날개 달린 칼림한테 말했다.

"아버지 눔 토룸한테 올라가라. 가서 아버지한테 이렇게 말해라. '우리의 두꺼운 가죽 같은 땅은 계속 흔들거리면서 한곳에 서 있지를 못해요. 땅에 사람들이 생겨나면 그들이 발로 지탱하지 않을까요? 나의 아버지, 눔 토룸이여, 우리 땅을 단단하게 해 주세요!' 어쩌면 무슨 띠로 땅을 둘러 줄지도 모르잖느냐."

날개 달린 칼림은 눔 토룸한테 올라가 그의 집으로 들어갔다. 눔 토룸은 식탁에 앉아 오른뺨을 지팡이에 기대고 있었다. 딸에게 물었다.

"날개 달린 칼림아, 무슨 소식을 가져왔느냐? 무슨 말을 하려고 왔느냐?"

---

10) 이올리 토룸 샨 : '아래 세계(땅)의 어머니'다. 만시족 신화에서 눔 토룸의 누나이기도 하다. 칼타시 엑바라고도 부른다.

11) 날개 달린 칼림은 시의 전령이고 토룸의 딸이다.

날개 달린 칼림이 대답했다.

"눔 토룸, 나의 아버지여, 우리의 땅은 아무리 커졌다고 해도 계속 움직이며 한곳에 서 있지를 못해요. 사람이 생겨나면 그들이 다리로 지탱하지 않을까요? 아버지가 우리 땅을 단단하게 해 주시고 무슨 띠라도 둘러 주세요."

눔 토룸은 고개를 숙였다. 그가 앉아 있는 동안 생선이 든 솥이 끓기 시작했다. 그는 고개를 들어 딸에게 말했다.

"네가 말한 대로 하마, 땅에 띠를 둘러 주마."

날개 달린 칼림이 눔 토룸의 집에서 나와 땅으로 도로 내려갔다. 이올리 토룸 샨이 그녀에게 물었다.

"무슨 소식을 가져왔느냐?"

날개 달린 칼림이 대답했다.

"눔 토룸 우리 아버지가 땅을 단단히 해 주신다고 약속했어요. 땅에 띠를 둘러 주신대요."

이후에 눔 토룸은 땅에 자신의 띠를 내려보냈다. 그의 띠는 무거운 단추로 장식되어 있었다. 땅은 물속 깊이 가라앉아서 움직이지 않게 되었다. 띠가 둘러진 이곳이 지금의 우랄산맥이다. 이곳이 땅의 가장 가운데다.

사람이 창조된 이야기

얼마 동안의 시간이 흘렀고 이올리 토룸 샨은 날개 달린 칼림을 또다시 보냈다.

"눔 토룸한테 가서 이렇게 말해라. '땅이 이제 단단해졌습니다. 땅에 사람을 만들어서 살게 해야 합니다'라고."

날개 달린 칼림은 아버지에게로 출발했다. 얼마 동안 날아가서 눔 토룸에게 도착해 말했다.

"아버지는 땅을 단단하게 하셨어요. 이제는 사람을 만들어야 해요."

눔 토룸은 고개를 숙였고 딸을 바라보았다.

"내가 사람을 만들어서 땅으로 내려보낼 테니 너희가 거기서 소생시켜라."

날개 달린 칼림은 날아갔다. 이후에 눔 토룸은 토팔 오이카[12]를 불러서 사람을 만들라고 명령했다.

토팔 오이카는 활엽수에서 사람 모형을 일곱 개 깎았다. 그동안 훌 오티르는 진흙에서 일곱 개의 사람 모형을 빚었

12) 토팔 오이카, 폴룸 오이카, 폴룸 토룸은 '펠림의 노인'이라는 뜻으로 펠림강의 한티족이 섬기는 신이다.

다. 그리고 토팔 오이카한테 말했다.

"형제여, 바꿉시다. 예?"

"아니야, 나는 바꾸지 않을 거다. 네 사람들은 진흙이니까 더 안 좋잖아."

"에이, 바꾸자구요."

훌 오티르가 계속 설득을 했다.

"내 사람들을 주기 싫다고. 얼마나 힘들게 만들었는데!"

"나도 내 사람들을 잘 만들었다고요. 그렇다면 사람들을 위한 영혼을 어디서 구하시려구요? 눔 토룸이 형에게 영혼을 주지 않았잖아요."

토팔 오이카가 머리를 긁적였다.

"맞구나. 내게는 영혼이 없구나. 그럼 너는 내 나무 사람들을 살아 있게 만들 수 있는 거냐?"

"그렇구말구요! 내가 소생시킬게요. 진흙 사람들은 멘크프[13]들이 되라고 하죠 뭐."

토팔 오이카는 나무 사람들을 훌 오티르에게 주었고 자신은 진흙 사람들을 가져갔다. 훌 오티르는 토팔 오이카에게 받은 나무 모형들을 눔 토룸한테 가져갔다. 눔 토룸은 그

---

13) 멘크프, 멘크 이키는 숲에 사는 신화적 존재로 식인 거인이다. 셉스 이키라고도 부른다.

모형들을 돌려세워 놓고 후 불었다. 어디로 사라졌지? 토팔 오이카는 손을 벌렸지만 한 개도 잡지 못했다.

토팔 오이카가 뒷덜미를 긁적였다. 진흙 사람들을 가져와서 바라보았다. 어떻게 하지? 그냥 진흙밖에 없네.

눔 토룸은 토팔 오이카에게 말했다.

"진흙 사람들을 내 누이 칼타시 엑바한테 가져가라. 코르스 토룸[14]이 그들을 위한 영혼을 누이한테 주었단다. 누이에게 그들을 소생시키라고 해라."

토팔 오이카는 칼타시 엑바에게 가서 말했다.

"누이여, 이 사람들을 소생시킬 수 있겠어요?"

"소생시킬게. 다만 너는 여기서 나가라."

토팔 오이카는 밖으로 나갔다. 그때부터 아이들이 세상에 나올 때 남자들은 같이 있으면 안 되었다.

진흙 사람들은 소생하기 시작했다. 다만 그들의 수명은 길지 않았다. 진흙 팔과 다리를 어디에 쓰겠는가? 물에 빠지면 익사하고 더우면 땀이 났다. 활엽수로 만든 사람들은 더 단단하고 물에도 가라앉지 않았다.

사람들이 세상에 나타나자 날개 달린 칼림은 또다시 눔 토룸한테 날아가서 이렇게 말했다.

---

14) 코르스 토룸 : 위 세계의 통치자 신으로 눔 토룸의 아버지다.

"자, 우리 땅에 사람들이 나타났어요. 이제 무엇으로 그들을 먹일지, 추위로부터는 무엇으로 그들의 몸을 가릴지 말해 주세요."

눔 토룸은 고개를 숙이고 한참 동안 생각했다. 그런 다음 이렇게 대답했다.

"날개 달린 칼림아, 도로 땅으로 날아가거라. 타이가[15] 숲속에 수많은 뿔 달린 동물들이 있을 거다. 툰드라 습지에는 사슴들을 풀어놓으마. 거기서 그들은 살게 될 거고 음식을 찾게 될 거니까 사람들이 수공업을 할 수 있게 그곳에 가도록 하렴."

날개 달린 칼림은 땅으로 내려왔다. 이올리 토룸 샨이 물었다.

"아버지한테서 무슨 소식을 가져왔니?"

"눔 토룸이 이렇게 말했어요. '타이가 숲속, 툰드라 습지에 사슴들과 뿔 달린 동물들을 풀어놓았다. 거기서 사람들

---

15) 타이가 : 시베리아에서 툰드라의 남쪽에 접한 우랄산맥에서 오호츠크해에 이르는 침엽수 삼림 지대를 가리키는 말이다. 북쪽은 북극해 연안의 툰드라 지대에 접하고, 남한(南限)이 서시베리아, 유라시아 방면에서는 체르노좀(흑토) 토양의 북한계선과 거의 일치하고, 동시베리아 방면에서는 남부의 산악 지대까지 뻗어서 넓게는 미국 북서부 · 캐나다 · 알래스카 등의 침엽수림을 포함한다.

이 먹을거리를 사냥하도록 해라'라고요."

땅의 기원에 대한 성스러운 이야기

툰드라 언덕에 노파와 노인이 살고 있었다.[16] 그들에게는 눈부시게 하얀 까마귀가 있었다. 집 양쪽으로는 끊임없이 물이 흘렀고 땅은 전혀 없었다. 노인은 밖으로 나오지 않았고 집 주위에 어떤 지역이 있는지 몰랐다.[17] 그들이 그렇게 살아가는 동안 어느 날 하늘에서 어떤 소리가 들렸다. 노인은 창문을 열고 밖을 보았다. 하늘에서 철로 된 물새[18]가 날아와 땅을 찾으려고 물속으로 잠수했다. 물속을 다니고 다니다가 솟아올랐지만 어떤 땅도 찾지 못했다. 숨을 들이쉬고 다시 물속으로 잠수했다. 또 물속을 다니고 다니다가

---

16) 한티족, 만시족 등 서시베리아에 거주하던 소수 민족들의 총칭인 우그르족 민속에서는 과거에는 여인들이 사회에서 더 중요한 역할을 했다는 것을 암시하는 것들이 많다. 그래서 보통 여인들을 먼저 호명한다. '툰드라 언덕'은 땅이 발생한 주변 지역의 명칭이다. 그래서 '툰드라 언덕에 노파와 노인이 살았다'는 '최초의 대지의 사람들', '선조들'을 의미할 수 있다.

17) 이런 금기는 그것이 움직임이나 외부 영향으로 파괴되어서는 안 되는 세계 질서를 상징한다는 것으로 설명될 수 있다.

18) 뿔이 난 물새나 목이 빨간 물새다. 미신에서 두 새는 아래 세계에 속하며 영혼, 즉 질병이나 사자(死者) 나라 주인의 동물 형상이다.

솟아올랐지만 또다시 빈손이었고 땅은 없었다. 조금 숨을 들이쉬고는 세 번째로 잠수했다. 솟아올랐을 때는 목이 터지도록 숨을 들이쉬었는데 새의 부리에 땅 한 조각이 걸려 있었다. 새는 날아올라서 하늘 저편으로 사라졌다.

노파와 노인은 잠자리에 들었다. 다음 날 그들이 일어났을 때 하늘에서 또다시 무슨 소리가 들렸다. 노인은 창밖을 보았다. 하늘에서 아래로 물새가 날아와서 물속으로 잠수했다. 물속을 다니고 다니다가 위로 솟아올랐는데 아무것도 가진 것이 없는 빈 몸이었다. 숨을 들이쉬고 또 들이쉰 다음 다시 물속으로 잠수했다. 또다시 돌아다니다가 솟아올랐지만 역시 아무것도 없었다. 조금 숨을 들이쉬고 세 번째로 잠수했고 위로 솟아오른 다음 정수리가 터지도록 숨을 들이쉬었다.[19] 새의 부리에는 커다란 땅 덩어리가 걸려 있었다. 새는 부리로 툰드라 언덕의 구석을 쪼아 떨어뜨리고 하늘 저편으로 날아갔다.

노파와 노인은 잠이 들었다. 다음 날 그들이 일어났을 때 땅은 발바닥만 한 크기였다. 둘째 날 그들이 일어났을 때 땅은 이미 눈으로 식별할 수 있을 만큼 커져 있었다. 셋째 날

---

19) 봄에 빨간 목 물새의 머리에는 붉고 검은 깃털로 된 무늬가 나타난다. 신화에서는 그 무늬를 깨진 정수리 피의 흔적이라고 설명한다.

노파와 노인이 창밖을 보니 물은 완전히 사라지고 온통 다 땅이었다. 노인은 눈부시게 하얀 까마귀에게 말했다.

"가서 땅의 크기가 얼마나 되는지 보고 오너라."

까마귀는 반시간을 날아다녔다. 땅은 그만큼의 크기였다. 노파와 노인은 잠자리에 들었다. 다음 날 일어나서 다시 땅의 크기를 보고 오라고 까마귀를 날려 보냈다. 까마귀는 정오가 되어서야 돌아왔다. 땅의 크기가 그만큼이 된 것이었다. 셋째 날에 그들이 일어났을 때 다시 까마귀에게 말했다.

"가서 땅의 크기가 얼마나 되었는지 보고 오너라."

까마귀는 돌아오지 않았고 그렇게 날이 저물었다. 잠자리에 들 시간에 까마귀가 검게 변해서 날아왔다. 노인은 까마귀에게 말했다.

"길에서 무슨 일을 저질렀느냐?"

까마귀가 말했다.

"무슨 일을 저질렀겠어요? 한 사람이 죽었어요. 나는 그걸 조금 먹었을 뿐인데… 내가 그걸 먹었기 때문에 검게 된 것인가요?"

"만약 네가 사람을 먹었다면 당장 여기서 나가라. 세상에 사람의 세기가 도래할 것이다. 세상에 사람의 시대가 도래할 것이다. 하지만 너는 숲의 동물도 잡을 수가 없을 것이고,

강의 물고기도 잡을 수 없을 것이다. 사람이 숲의 짐승을 잡은 그 피의 장소에서 너는 배고픔을 덜거라. 다른 날들에는 굶주린 채 있게 될 것이다."

까마귀는 숲으로 날아갔고 지금까지 거기서 살고 있다.

노파는 집에서 나왔다. 다시 집에 들어갔을 때 노인에게 말했다.

"여보, 집 뒤에 나무가 자랐어요."

노인이 말했다.

"그 뿌리는 먹을 것이오. 그 가지는 먹을 것이오. 그것을 가져오시오."

여인은 나무를 파서 가져왔다. 그리고 노인은 이것이 잣나무[20]라는 것을 알게 되었다. 노인은 노파에게 말했다.

"가져가서 도로 거기에 심어 놓으시오."

그러나 노인 스스로는 집 밖을 나가지 않았다. 그는 부인과 함께 잠자리에 들었다. 그가 일어났을 때 부인은 없었다. 어디론가 떠난 것인가? 노인은 밖으로 나가지 않았고 계속 그렇게 살았다. 네다섯 주를 그렇게 살다 보니 부인이 그리워졌다. 그는 밖으로 나가서는 안 되었지만 아내를 찾으러

---

20) 잣나무는 옵스크 우그르족(오비강 유역에 거주하던 우그르족으로 주로 한티족과 만시족을 의미한다)에게는 신성한 나무 중 하나다.

나가려고 했다. 문으로 다가갔는데 밖에서 아내가 듣고는 말했다.

“나오지 마세요. 내 아들이 이제 다람쥐 사냥에 나설 정도로 자랐어요. 일주일 후에 갈게요. 당신은 나오지 마세요.”[21]

일주일을 보내고 어머니는 아들과 함께 들어왔다. 아들은 이미 뛰어다녔다. 노래 부르는 사람, 이야기하는 사람이 오랫동안 자라겠는가? 노파와 노인은 계속 그렇게 살아갔다. 아들은 숲의 동물을 사냥하러 나설 정도로 자랐다. 노부부는 대패질을 해서 민 나뭇고갱이로 그에게 활을 만들어 주었고, 대패질을 해서 민 나뭇고갱이로 그에게 화살을 만들어 주었다. 아들은 강 언저리와 숲 언저리에서 사냥하기 시작했다.

노인이 말했다.

“우리 아들에게 어떤 이름을 지어 줄까?”

노파가 말했다.

“딸이었다면 내가 이름을 지어 주었겠지만, 아들이니 아

---

21) 남자들은 출산할 때 같이 있는 것이 금지되었고 아내는 아이와 함께 정화 의식을 한 후 일정한 기간이 흐른 뒤에 집으로 돌아올 수 있었다.

버지가 이름을 지어 주세요."

노인이 말했다.

"내가 어떤 이름을 지으면 좋겠소? 그의 이름을 타리크 페슈 니말랴 소프[22]라고 합시다."

타리크 페슈 니말랴 소프는 숲으로 갔다. 산언저리의 수많은 창고를 채웠고 숲 언저리의 수많은 창고를 채웠다. 담비, 사슴 들이 그냥 스스로 창고에 들어왔다. 그렇게 다니는데 물이 마시고 싶었다. 한 장소에서 얼음이 녹아 흘러가는 개울을 발견했다. 물을 마시려고 엎드렸는데 턱수염이 난 사람이 자신을 보고 있었다. 아들은 깜짝 놀라 후다닥 물러섰다. '여기는 아마도 무슨 악마의 개울인가 보다. 이 안에 악마가 있구나. 여기서 물을 마시면 안 되겠다'[23]라고 생각했다. 그는 계속 갔다. 또다시 호수에서 얼음을 깨고 물을

---

22) 타리크 페슈 니말랴 소프는 천신 토룸의 작은 아들 이름 중 하나다. 그가 바로 알발리, 졸로토이 보가티리, 이미 히티, 콘 이키, 미르 수스네 훔, 엑바 피리스, 므노고 스트란스트보밥시 므노고 블루즈답슈 무슈다. 미르 수스네 훔이란 이름으로 알려져 있고, 여러 해석이 가능한 고어다. '학의-넙적다리-스키-털가죽'이란 번역은 미르 수스네 훔의 형상 중 하나가 하얀 학이었다는 사실과 연관된다.

23) 만약 강에 어떤 영혼이 산다면 그 물을 마시면 안 된다는 금기가 있었고 사람들은 거기에 흙을 뿌리곤 했다.

마시려고 엎드렸다. 그곳에서도 턱수염이 있는 노인이 바라보고 있었다. 아들은 또다시 생각했다. '여기도 무슨 악마의 호수구나.' 그런 다음 그는 오비강으로 갔다. 오비강의 중류까지 가서 엎드렸는데 또다시 턱수염이 있는 사람이 그를 바라보고 있었다. 그제야 그는 자신의 얼굴을 더듬어 보았다. 그랬더니 자신의 턱수염이 물에 비치는 것이었다. 아들은 오비강의 물을 마시고 집으로 갔다. 집에 들어가서 의자에 앉았는데 마치 입도 없고 혀도 없는 것 같았다. 어머니가 뭐라고 물어도 그는 아무 말도 하지 않았다. 어머니가 말했다.

"말을 하지 않는다면 언젠가는 불행이 닥칠 거고 밑으로도 위로도 가지 못하게 될 거다."

아버지가 말했다.

"너는 마치 입도 혀도 없는 것처럼 앉아 있구나. 우리에 대해 뭐 안 좋게 생각하는 거냐?"

그제야 아들이 말하기 시작했다.

"내 턱수염이 이렇게 자라는 동안 정말 아버지는 여자들이 돌아다니는 여인의 지역에 대해 알지 못했단 말이에요?"

아버지가 말했다.

"나는 밖에 나가지를 않잖니. 여자들이 돌아다니는 여인의 지역이 어디 있는지 나는 모른단다. 너는 온 세상을 돌아다니는 사람이고 온 강을 돌아다니는 사람이니 여자들이 돌아다니는 여인의 지방을 네가 직접 찾아보거라."

타리크 페슈 니말랴 소프는 고개와 눈을 돌리고 잠자리에 들었다. 다음 날 일어나니 아버지가 말했다.

"허물어진 마구간으로 가서 바닥을 파 보거라. 무엇을 얻으면 얻는 것이고 못 얻으면 네 맘대로 하려무나."

아들은 밖으로 나가서 허물어진 마구간 구석으로 다가갔다. 말똥 거름을 팠더니 거기에 고삐의 끝이 보였다. 고삐 끝을 붙잡고 당겼다. 그러자 마치 죽을 듯이 이리저리로 비틀거리는 말 한 마리가 서 있었다. 눈 사이를 손톱으로 탁 하고 치자, 숨을 내쉬면 한쪽 콧구멍에서는 불꽃이 솟구쳐 오르고 다른 쪽 콧구멍에서는 연기가 회오리 쳐 피어오르는 그런 말이 되었다. 세 살배기 말이었다.

그가 말 등에 뛰어오르자 말은 날아올라서 떠가는 구름, 흘러가는 구름과 하나로 섞였다. 이렇게 말 등에 올라 타리크 페슈 니말랴 소프는 오비강에 이르렀다. 그는 옵스크의 천막집에 갔다. 천막의 꼭대기에는 사시나무 세 그루가 있었다. 나뭇잎 하나가 황금으로 된 것 같았는데 눈을 뗄 수 없게 빙글빙글 돌았다. 타리크 페슈 니말랴 소프는 생각했다. '내 팔은 어떻지? 자, 내가 저기에 활을 쏘아 봐야겠다.' 그는 대패질로 민 나뭇고갱이로 만든 화살을 쏘아서 잎의 중앙을 꿰뚫었다.

활을 쏜 후 그에게 잠이 쏟아졌다.[24] 잠이 들자 어디선가 여자가 욕을 하는 꿈을 꾸었다. "이렇게 아이들이 요술을 부리는군. 땅을 돌아다니고 강을 돌아다니고 덮고 다니는 외투를 활로 쏘는군."

말 등에서 일어나 보니 그는 어떤 집의 문 앞에서 잠을 잔 것이었다. 말에서 내려서 집으로 들어가니 한 여인이 말했다.

"에이, 타리크 페슈 니말랴 소프, 이제야 왔어? 참 오랫동안 잤구나. 토룸이 네게 아내를 내려보냈는데 파라파르세흐[25]가 그녀를 납치해 갔단다."

타리크 페슈 니말랴 소프는 말했다.

"상관없어요. 납치하라죠. 정말 내가 지금까지 결혼했었

---

24) 주인공은 아주머니에 의해 그에게 내려진 잠에 빠져든다(아주머니의 형상은 때로는 여자 선조 칼타시와도 일치한다). 영혼들은 사람의 영혼과 교류하기를 원할 때 사람에게 잠을 보낼 수 있다. 아주머니는 나무에 살고 있고 나뭇잎들을 덮고 있었는데 그중 하나를 주인공이 화살로 꿰뚫은 것이다.

25) 이름의 첫 번째 부분 '파라프'는 바라바 즉 오비강과 이르티시강 사이의 바라빈 초원과 연관될 수 있다. 다른 이본에서는 파라파르세흐를 '제물을 바치는 사람에게 절하는 영혼'이라고 칭한다.

단 말이에요? 아내 없이 사는 것도 좋죠."

아주머니는 그를 실컷 먹고 마시게 했다. 아주머니는 그에게 양날 검, 강철 매 털가죽, 강철 토끼 가죽, 강철 쥐 가죽과 작은 농어 가죽을 선물했다.

그녀는 말했다. "조카야, 이제 가거라. 돌아오면 내가 선물한 이 물건들을 도로 다오. 이 물건들은 내게 필요한 것이란다. 어떤 불행이 닥치거나 봉변을 당하거든 나를 너무 크게 부르지는 말고 조용히 떠올려라.[26] 네가 가다가 밑을 보면 거기에 펠트 집이 일곱 채 있고 주위에 돼지 같은 양들이 벌레처럼 우글거릴 것이다. 펠트 집으로 내려가면 거기에 외눈박이 사람들이 나타날 것이다. 그들의 한 눈은 빠져 있고 다른 눈은 멀쩡할 것이다. 그들에게 이렇게 물어봐라. '당신들은 누구의 돼지 같은 양을 먹여 키우시는 겁니까?' 그러면 그들은 이렇게 말할 것이다. '파라파르세흐의 돼지 같은 양들을 키우고 있습니다.' 그러면 이렇게 말해라. '그렇게 말하지 마세요. 타리크 페슈 니말랴 소프의 양과 돼지들을 키운다고 말하세요. 내 뒤에 불의 황제가 오고 있습니다. 만약 당신들이 파라파르세흐의 양을 키우고 있다고 말한다면 불

---

26) '조용히 떠올려라'라는 말은 '조심하라'는 말이고 영혼을 부르라는 것인데 그 부름에 영혼은 나타나야만 한다.

의 황제가 당신들을 불태워 버릴 것입니다. 만약 당신들이 타리크 페슈 니말랴 소프의 돼지 같은 양들을 키우고 있다고 말한다면 좋게 지나갈 것입니다'라고. 그런 다음 그들의 눈을 고쳐 주어라. 눈을 불어 주면 그들은 두 눈을 가지게 될 것이다. 그런 다음 계속 가다 보면 또다시 일곱 채의 펠트 집에 이르게 되고 주위에는 암소들이 벌레처럼 우글거릴 것이다. 또다시 밑으로 내려가서 집에 들어가면 한 손의 사람들을 만나게 될 것이다. 그들에게 '당신들은 누구의 암소를 먹여 키우고 계십니까'라고 물어라. 그들은 '파라파르세흐의 암소를 키우고 있습니다'라고 말할 것이다. 그러면 '그렇게 말하지 마세요. 타리크 페슈 니말랴 소프의 암소들을 키우고 있다고 말하세요. 만약 그러지 않으면 뒤에 오고 있는 불의 황제가 당신들을 불태워 버릴 거예요'라고 말해라. 그런 다음 그들의 손에 입김을 불면 손이 다 나을 것이다. 그리고 또다시 계속 가거라. 한 곳에서 또 펠트 집 일곱 채를 보게 될 것이다. 주위에는 온통 말들이 노닐고 있을 것이다. 내려가서 그 집에 다가가면 한 다리 사람들이 기어 나올 것이다. 그러면 그들에게 '누구의 말을 키우고 계십니까?' 하고 물어라. 그들은 '파라파르세흐의 말들을 키우고 있습니다'라고 대답할 것이다. 그러면 '그렇게 말하지 마세요. 타리크 페슈 니말랴 소프의 말들을 키우고 있다고 말하세요. 그러지 않으면 뒤에 오고 있는 불의 황제가 당신들을 불태워 버릴 거예요. 그러면 당신들도 죽고 말들도 죽고 모든 것이 불탈 거예요'라고 해라. 만약 그들이 너에게 좋게 대해 준다면 그들의 다리에 입김을 불어라. 그러면 다리가 나을 것이다. 이제 가거라."

타리크 페슈 니말랴 소프는 말 등에 올라앉아 자신의 7면체 채찍을 들고 떠가는 구름, 흘러가는 구름과 함께 섞였다. 한 곳에서 아래를 보니 펠트 집이 일곱 채 있었고 돼지 같은 양들이 벌레처럼 우글거렸다. 말이 땅으로 내려갔다.

사람들이 집에서 나왔는데 모두 외눈박이였다. 그들에게 물었다.

"누구의 돼지 같은 양들을 먹여 키우시는 겁니까?"

"파라파르세흐의 돼지 같은 양들을 키우는 겁니다."

"아니에요. 그렇게 말하지 마세요. 이렇게 말하세요. '타리크 페슈 니말랴 소프의 돼지 같은 양들을 키우고 있습니다'라고요. 만약 당신들이 파라파르세흐의 돼지 같은 양들을 키우고 있다고 말한다면 뒤에 오는 불의 황제가 당신들 모두를 불태워 버릴 거예요."

그들은 머리를 조아리고 그의 발밑에 엎드려, 어떻게 우리가 '타리크 페슈 니말랴 소프의 돼지 같은 양들을 키우고 있습니다'라고 말하지 않겠느냐고 했다. 그는 그들에게 입김을 불었고 그들 모두 양 눈이 되었다.

그는 말을 타고 또다시 떠가는 구름, 흘러가는 구름들과 함께 섞였다. 가다가 한 곳에서 아래를 보니 펠트 집이 일곱 채 서 있었다. 사랑스러운 암소들이 벌레들처럼 우글거렸다. 말은 아래로 내려가서 땅에 내렸다. 주민들이 집에서 나왔는데 모두가 한 손이었다.

그들에게 물었다.

"누구의 암소를 키우십니까?"

"파라파르세흐의 암소를 키웁니다."

"그렇게 말하지 마세요. '타리크 페슈 니말랴 소프의 암소를 키웁니다'라고 말하세요. 그러지 않으면 뒤에 오는 불의 황제가 불로 당신들을 태워 버릴 거예요."

타리크 페슈 니말랴 소프는 그들에게 입김을 불었고 그들의 손은 건강하게 되었다. 그들은 그의 발아래 엎드려서 "양손잡이가 되었는데 어떻게 우리가 타리크 페슈 니말랴 소프의 암소를 키운다고 말하지 않을 수가 있겠어요?"라고 말했다.

그는 말 등에 앉아서 또다시 날아갔다. 한 곳에서 밑을 보니 벌레처럼 말들이 우글거렸고 일곱 채의 펠트 집이 서 있었다. 밑으로 내려갔더니 집에서 한 다리 사람들이 기어 나왔다. 그들에게 물었다.

"누구의 말을 키우십니까?"

"파라파르세흐의 말을 키우고 있습니다."

"그렇게 말하지 마세요. '타리크 페슈 니말랴 소프의 말을 키우고 있습니다'라고 말하세요. 그렇게 말하면 모든 것이 잘될 거예요."

"어떻게 우리가 그렇게 말하지 않겠어요."

타리크 페슈 니말랴 소프는 그들의 다리에 입김을 불었고 그들 모두는 양 다리 사람들이 되었다.

그의 말은 앞으로 전진했고 또다시 떠가는 구름, 흘러가는 구름과 함께 섞였다. 그렇게 가다가 어느 날 앞을 보니 일곱 날개 철마의 등 위에 도시가 서 있었다. 그는 도시의 성문 쪽으로 내려가서 말을 묶어 놓고 들어갔다. 토롬이 그에게 내려주었던 미녀 아가씨, 용사 아가씨가 이 집에 살고 있었다. 아가씨가 말했다.

"에이 아, 타리크 페슈 니말랴 소프 님! 당신은 너무 오랫동안 잤군요! 언제나 내가 당신의 아내가 될 수 있을까요? 이제 저는 파라파르세흐의 아내입니다."

타리크 페슈 니말랴 소프는 말했다.

"이제 당신을 어쩌면 좋겠소? 나는 당신 말고 좋은 여인을 찾을 수 있단 말이오."

미녀는 당황스러워했다. 타리크 페슈 니말랴 소프는 말

했다.

"들어 보세요. 내게 먹을 것을 좀 가져다주시오. 나는 배가 고프다오."

"그 아름다운 여자, 그 선한 여자에게 가져다 달라고 하세요."

"파라파르세흐한테 어떤 마법의 힘이 있는 거요?"

여자가 말했다.

"그 지혜로운 여자한테 말해 달라고 하세요. 내게는 그런 지혜로움이 없으니까요."

"어서 말해 보시오. 어서."

그런 다음 여인이 그에게 음식을 가져다주었다.

그가 말했다.

"자, 이제 그에게 어떤 마법의 힘이 있는지 말해 주시오."

그녀가 말했다.

"어떤 마법의 힘이 있느냐고요? 그에게는 그 어떤 마법의 힘도 없어요. 이제 곧 그가 까마귀의 모습으로 날아와서 활엽수의 일곱 꼭대기에 앉아 모든 도시의 모든 변두리를 둘러볼 거예요. 그가 당신을 알아차리면 울음소리를 내면서 숲으로 날아갈 거예요."

그는 음식을 먹고 밖으로 나갔다. 여자는 그의 말을 숨겼다. 그는 활엽수 밑동 쪽으로 가서 땅속으로 파고 들어갔다.

위를 보기 위해 한 눈만 밖에 내놓았다.

그가 그렇게 누워 있는 동안 우랄 위쪽에서 까마귀 울음소리가 들렸다. 바라보니 까마귀 노인이 날아오고 있었다. 날개가 하늘에 닿을 정도로 높게 날고 있었다. 날고 날다가 활엽수의 일곱 꼭대기에 앉았다. 까마귀 노인은 도시의 모든 변방을 하나하나 둘러보았다. 그런 다음 울음소리를 내면서 멀리 날아갔다. 그는 타리크 페슈 니말랴 소프를 알아챘던 것이다. 타리크 페슈 니말랴 소프는 벌떡 일어나서 강철 매 털가죽을 입고 까마귀 뒤를 쫓았다. 쫓고 쫓아서 이제 거의 따라잡았는데 까마귀는 갑자기 눈앞에서 사라졌다. 밑을 보니 토끼의 모습으로 깡충깡충 뛰어가고 있었다. 타리크 페슈 니말랴 소프는 강철 토끼 가죽을 입고 또다시 그 뒤를 쫓아갔다. 따라잡기 시작했는데 또다시 모습이 사라졌다. 뒤를 보니 쥐 굴이 보였다. 그는 강철 쥐 가죽을 입고 그 길을 따라 파라파르세흐를 뒤쫓았다. 또다시 따라잡기 시작했는데 파라파르세흐가 작은 강철 농어의 모습으로 변해 바닷속으로 미끄러져 들어갔다. 타리크 페슈 니말랴 소프도 역시 강철 농어 가죽을 입고 그 뒤를 따라 풍덩 바다로 뛰어들어갔다. 그를 따라잡기 시작했다. 농어의 모습을 한 그 사람이 바다 얼음 사이로 나왔다. 타리크 페슈 니말랴 소프는 육지에서 마침내 그를 잡아서 조각조각으로 베어 죽여 불에

태웠다. 위로 날아가는 불꽃을 밑으로 가라앉히고 밑으로 날아가는 불꽃은 위로 몰았다. 그가 파라파르세흐를 몰아간 후에 파라파르세흐는 까마귀의 모습으로 날아갔다. 그는 갑옷을 뚫는 화살로 그를 쏘았지만 까마귀의 절반만이 누워 있었다. 또다시 태웠으나 그는 불꽃에서 강철 토끼의 모습으로 깡충깡충 뛰어나왔다. 타리크 페슈 니말랴 소프는 갑옷을 뚫는 자신의 화살을 쏘았고 토끼는 두 조각만이 놓여 있었다. 또다시 불태우고 열기가 사그라질 때까지 바라보았다. 그 무엇도 뛰어나오지 않았다. 아내를 훔쳤던 사람은 그렇게 죽었다.

그는 쫓아가면서 잠시 날개로 날기도 하면서 어떤 변방에 이르렀는지 모른다. 잠시 그는 토끼의 모습이었고, 조금은 쥐의 모습이었고, 조금은 작은 농어의 모습으로 갔다. 그러나 어떤 변방에 이르렀는지 전혀 모른다. 자신이 죽어 가고 있는 것 같았다. 그는 울면서 걸어가고 있었다. 어느 날 누군가가 등 뒤에서 말했다.

"친구여, 뭐 하는 겁니까? 그만두세요. 이제 심심해졌다고요."

돌아보니 자신의 말이 서 있었다.

"타세요. 내 등에."

말이 말했다.

그는 말 등에 올라탔다. 말은 출발했고 떠가는 구름, 흘러가는 구름과 함께 섞였다. 그렇게 가고 있는데 앞에서 무슨 소리가 들렸다. 말이 멈추고는 타리크 페슈 니말랴 소프에게 말했다.

"저기 앞에 무슨 소린지 알겠어요?"

"무슨 소리인지 내가 어떻게 알겠어."

"이것은 성스러운 불의 대홍수예요. 커다란 불의 한 부분은 하늘의 한쪽 끝에서 타고 있고 다른 부분은 하늘의 다른 쪽 끝에서 타고 있어요. 온 하늘과 땅이 완전히 타 버릴 거예요.[27] 이 불을 어떻게 통과해 나갈 수 있을까요?"

타리크 페슈 니말랴 소프가 말했다.

"내가 어떻게 알겠어?"

말이 말했다.

"내 콧구멍으로 기어 들어와서 베천 서른 아르신,[28] 무명 서른 아르신을 가져오세요."

그는 말의 콧구멍으로 기어 들어갔다. 콧구멍 속은 가게였다. 그는 흰 베천 서른 아르신과 무명 서른 아르신을 가지고 가게에서 밖으로 나와 말의 다리를 휘감고 자신도 휘감

---

27) 불의 대홍수에 대해서는 개별적인 신화가 존재한다.

28) 아르신 : 러시아의 길이 단위로, 1아르신은 71.12센티미터다.

았다. 말이 계속 움직이는 것처럼 느껴졌다. 얼마간 날아가다가 말이 멈추고 말했다.

"내려."

솜으로 휘감은 무명이 내렸다. 그들이 불을 뛰어넘는 동안 무명이 타 버렸다. 그는 말을 타고 계속 갔다. 앞에 또다시 어떤 소리가 들렸다.

말이 말했다.

"무슨 소린지 알겠어요?"

"어떻게 내가 알겠어?"

"무슨 일이 벌어지고 있는지 앞을 좀 보세요."

앞을 보니 사시나무 서른 그루가 모였다가 흩어졌다 했다. 세상에 있는 모든 것을 그 나무들이 잡아 버려서 그 누구도 통과할 수가 없었다. 말이 말했다.

"당신은 이런저런 아무 생각 하지 마세요."[29)]

계속 갔다. 타리크 페슈 니말랴 소프는 생각했다. '사시나무들은 분간할 수가 없어서 무섭구나.' 사시나무 쪽으로 가까이 가자 사시나무들은 뭉쳤고 타리크 페슈 니말랴 소프

---

29) '이런저런 아무 생각 하지 마'라는 말은, 옵스크 우그르족에게는 물질화되는 사고의 능력에 대한 관념이 존재했기에 위험의 순간에는 그 위험에 대해 생각해서는 안 된다는 의미다.

가 끼었다. 그는 말의 등에서 떨어졌다. 말은 어디로 갔는지 알 수가 없었고 자신도 어디로 떨어졌는지 알 수가 없었다. 정신을 차렸을 때는 가지에 턱이 걸려서 이리저리 흔들리고 있었다. 위로 갈 수도 아래로 갈 수도 없었다.

그가 말했다.

"에이, 아. 어머니가 예전에 이렇게 말했지. '불행이 닥치면 너는 위로도 아래로도 가지 못할 것이다'라고. 이제 봐라. 나는 아래로도 위로도 갈 수가 없구나. 내 아주머니가 예전에 말했지. '만약 불행이 닥치거나 봉변을 당하거든 나를 부르라'고. 지금 아주머니는 어디에 있을까? 여기서 나는 죽어가는구나."

그 순간 무엇인가가 우르릉거렸다. 날개가 세 개 달린 말을 타고 그의 아주머니가 오고 있었다.

"무슨 일이냐, 조카야? 왜 나를 이렇게 빨리 불렀느냐? 내가 앉아서 차를 마시고 있는데 찻잔들이 모두 산산이 깨져 버렸단다. 어떤 불행을, 어떤 봉변을 당했느냐?"

"내 아주머니, 이곳이 내가 죽을 곳이에요. 아래로도 위로도 갈 수가 없어요. 내 말은 어디론지 멀리 가 버렸어요."

아주머니는 스무 그루의 사시나무를 붙잡아서 반 토막으로 부러뜨려 버리고 말했다.

"세상에 사람의 세기가 도래하면, 세상에 사람의 시대가 도래하면, 어떤 사람이 너희를 통과할 수 있겠느냐?"

타리크 페슈 니말랴 소프가 둘러보니 아주머니는 어디에도 없었다.

그가 말했다.

"황금의 신이시여, 내 말은 어디로 갔습니까? 나는 여기서 죽어 가고 있습니다."

이 순간에 등 뒤에서 말이 말했다.

"그만하세요. 이미 심심해졌어요. 내 등에 타세요."

그는 기쁘게 말 등에 탔다.

말이 말했다.

"7면체 채찍을 들어 저를 때리세요."

그가 7면체 채찍을 들어 말을 한 번 때렸더니 말이 뛰어올라 떠가는 구름, 흘러가는 구름과 함께 섞였다. 그렇게 가는데 앞에 또다시 어떤 소리가 들렸다.

"무슨 소린지 아시겠어요?"

타리크 페슈 니말랴 소프가 말했다.

"내가 어떻게 알겠어?"

"모르시면 알아두세요. 이것은 털 빠진 일곱 오리를 가로질러 누워 있는 노인이 코를 고는 소리예요.[30] 우리 인생의

---

30) 불분명한 형상이지만 아마도 저세상으로 가는 통로의 수호자일 것

끝을 우리가 아무리 해도 통과할 수는 없으니 이제 우리는 죽은 목숨이에요. 당신의 아주머니가 전에 당신에게 뭐 주신 것 없어요?"

타리크 페슈 니말랴 소프가 말했다.

"아주머니가 무엇을 주셨냐구?"

말이 말했다.

"아주머니가 양날 검을 주시지 않았나요?"

그가 생각했다.

'맞아, 아주머니가 내게 양날 검을 주셨지.'

말이 말했다.

"가서 쥐 가죽을 입고 그의 콧방울과 귓불을 잘라 오세요. 당신의 노래가 계속되고 당신의 이야기가 계속될 운명이라면 할 수 있을 거고, 그렇지 못할 운명이라면 당신은 죽겠지요."

타리크 페슈 니말랴 소프는 쥐 가죽을 입고 쥐의 모습으로 털 빠진 일곱 오리들을 가로질러 누워 있는 노인에게 갔다. 그의 말은 거기에 남아 있었다. 노인이 숨을 내쉬면 그는 뒤로 날아갔고 숨을 들이쉬면 콧구멍 속으로 빨려들어갈 것 같았다. 그는 버티려고 애썼고 겨우겨우 지탱하고 있었

이다.

다. 양날 검을 꺼내서 노인의 콧방울과 귓불을 잘라서 주머니에 넣었다. 그의 말이 말했다.

"어서 오세요. 타세요."

그는 말에게 달려가서 등에 탔고 말은 위로 움직였다. 털 빠진 일곱 오리를 가로질러 누워 있던 노인이 그의 뒤를 쫓아 덤벼들었고 말은 올라갔다. 노인은 따라잡을 수가 없었다. 털 빠진 일곱 오리들을 가로질러 누워 있던 노인이 말했다.

"에이, 타리크 페슈 니말랴 소프야, 나중에 마지막 남자가 죽을 때까지 너는 신처럼 살게 될 것이고 나는 끝났다."

타리크 페슈 니말랴 소프는 그에게 대답했다.

"세상에 사람의 세기가 도래하고, 세상에 사람의 시대가 도래하면 어떤 사람이 당신을 감당하겠소? 그래서 이 때문에 내가 죽인 것이오."

말은 계속 달려서 떠가는 구름, 흘러가는 구름들과 함께 섞이었다. 타리크 페슈 니말랴 소프의 말은 날고 날다가 어느 날 멈추었고 이렇게 말했다.

"내 코에 자작나무 껍질 두루마리를 씌우고 내 팔다리에 자작나무 껍질 두루마리를 씌우고 내 꼬리로 검을 휘감으세요."

그는 코와 팔다리에 자작나무 껍질 두루마리를 씌우고

꼬리로 검을 휘감았다. 그의 말은 말했다.

"이제 내 등에 타세요."

그는 말 등에 탔고 말은 뛰어올라서 떠가는 구름, 흘러가는 구름과 함께 섞였다. 그들은 가고 또 갔다. 어느 날 말은 땅으로 내려왔다. 내린 곳에는 창고가 딸린 집이 있었다. 말이 말했다.

"내리세요. 키르트 놀프 엑바[31]의 딸을 잡아 오세요. 마침 어머니가 잠들었어요."

그가 떠나갈 때 말이 말했다.

"가지 마세요. 이리 오세요. 갑자기 당신은 쓸데없는 것을 생각하고 계시지만 노파가 깨어나면 우리 목숨은 끝이에요. 먼저 내 콧구멍으로 들어가면 거기에 술집이 있는데 그 술집에서 술 세 잔을 마시세요."

타리크 페슈 니말랴 소프가 말의 콧구멍으로 들어가니 콧구멍 속에 술집이 있었다. 술 세 잔을 마시고 나왔다. 말이 말했다.

"이제 가서 키르트 놀프 엑바의 딸을 잡아 오세요."

---

31) '키르트 놀프 엑바'는 '오리 코를 가진 노파'라는 뜻이다. 현재는 긴 코나 큰 코의 사람들을 그렇게 부르지만 신화와 미신에서는 아이들을 잡아가는 악한 마녀를 그렇게 불렀다.

그는 집으로 들어가서 딸을 끌고 나왔다. 말이 말했다.

"어서 타세요. 노파가 우리를 잡으러 와요."

그가 말에게 가자마자 거리에 키르트 놀프 엑바가 나타났다. 말이 말했다.

"여자를 버리세요. 안 그러면 잡히겠어요."

그는 여자를 버리고 재빨리 말 등에 타고 앞으로 돌진했다. 키르트 놀프 엑바는 말 코를 붙잡았고 말이 머리를 흔들었고 자작나무 껍질 두루마리가 떨어졌다. 노파는 말의 앞다리 쪽으로 달려가서 다리를 붙잡았고 자작나무 껍질 두루마리가 떨어졌다. 그런 다음엔 말의 뒷다리 쪽으로 갔는데 말이 위로 뛰어오르자 자작나무 껍질 두루마리가 또 떨어졌다. 그런 다음 노파가 말의 꼬리로 달려갔는데 노파의 손가락이 모두 검에 잘려 나갔다. 노파는 그들을 따라잡기 시작했고 곧 여기서 그들을 잡을 것 같았고 저기서 그들을 잡을 듯했다. 말이 말했다.

"손에 무엇을 들고 있는 거예요?[32] 노파가 우리를 이제 곧 잡을 것 같아요."

타리크 페슈 니말랴 소프는 말했다.

---

32) '손에 무엇을 들고 있는 거예요?'는 말의 채찍을 염두에 둔 것인데 그에게 이 말은 금지어이기 때문에 이렇게 표현한 것이다.

"내 손엔 아무것도 없는데."

키르트 놀프 엑바가 이때 그들을 곧 잡을 듯이 이리 갔다 저리 갔다 했다. 말이 말했다.

"무엇을 기다리는 거예요? 정말 손에 무엇을 들고 있는지 모른단 말이에요?"

그는 손을 보았다. 7면체 채찍이 들려 있었다. 말을 때리자마자 말은 떠가는 구름, 흘러가는 구름들과 함께 섞였다. 키르트 놀프 엑바는 말했다.

"에이, 타리크 페슈 니말랴 소프, 딸을 훔쳐 가다니. 이제 신이 너를 데려갔구나. 너는 살았구나."

그들은 계속해서 갔다. 어느 날 그들은 파라파르세흐 도시에 도착했다. 말은 도시의 성문에 내렸고 마침 그의 아내가 밖에 나왔다. 그들은 손을 잡았고 아내는 그를 집으로 데려갔다. 집에서 그녀가 말했다.

"에이, 노래하는 사람, 이야기하는 사람이여, 당신은 수많은 고통을 감내하셨군요."

그녀는 맥주를 곁들인 음식과 꿀이 든 음식으로 식탁을 차렸고 그들은 먹기 시작했다.

어느 날 아내가 말했다.

"나가 보세요. 당신의 말이 밖에서 당신을 불러요."

밖으로 나가니 말이 다리를 들어 올렸다.

말이 말했다.

"와 보세요. 어떤 옹이가 다리를 찔렀어요."

그가 다가갔다. 키르트 놀프 엑바의 딸이 거기에 붙어 있는 것이었다. 그들은 키르트 놀프 엑바의 딸과 함께 집으로 돌아왔다. 그는 두 여자 사이에 앉아서 그들을 껴안고 그들에게 키스했다. 앉아 있다가 그가 아내들에게 말했다.

"나는 이제 자러 가겠소. 내가 깰 때까지 당신들이 나를 부모님께, 툰드라 언덕의 노파와 노인에게 데려가 놓지 않는다면 당신들의 목숨은 끝이고, 당신들의 목을 머리카락처럼 베어 버리겠소. 모든 백성들과 함께, 모든 양, 암소, 말과 함께 이 도시도 모두 내 땅으로 가져다 놓으시오."

그는 고개와 눈을 돌렸다. 꿈속에서 어떤 노파가 욕하는 소리가 들렸다.

"젊은 사람들의 버릇이 이게 뭐람? 이제 아내가 일을 하러 다니고 남편은 누워 있어? 내 사랑스러운 아이들을 괴롭히다니. 얼마 전에 나는 그에게 양날 검을 주었고, 강철 매 털가죽을 주었고, 강철 토끼 가죽을 주었고, 강철 쥐 가죽을 주었고, 작은 농어 가죽을 주었는데, 이제 바로 옆에서 그것들을 가지고 지나는구나."

그는 일어나지 않고 계속 누워 있었다. 그랬더니 그의 아내가 그를 깨웠다.

"일어나세요. 도착했어요."

그가 일어나 보니 그는 부모님께 도착해 있었다. 부모님이 어떻게 그에게 달려왔는지 모르겠고 그가 어떻게 부모님께 달려갔는지 모르겠다. 그들은 껴안고 키스했다. 도시가 세워져 있었는데 떠가는 구름을 꿰뚫고 서 있었고, 흘러가는 구름을 꿰뚫고 서 있었다. 은으로 지은 집이 솟아 있었고, 금으로 지은 집이 솟아 있었다. 그들은 계속해서 살아갔다.

툰드라 언덕의 집에서 얼마간 살았다. 어느 날 타리크 페슈 니말랴 소프는 아내들에게 말했다.

"나는 여자들이 돌아다니는 여인의 지방을 다시 찾아 나서고, 남자들이 돌아다니는 남자의 지방을 다시 찾아 나서야겠소."

그의 어머니가 말했다.

"에이, 세상에 사람의 세기, 사람의 시대가 도래하면, 봄 다람쥐를, 가을 다람쥐를 그런 솜씨로 찾게 될 것이다."

그들은 껴안고 키스했고, 그는 나가서 말 등을 타고 떠났다. 얼마 동안 가는데 어느 날 그의 말이 바다 중심에서 내려갔다. 은으로 된 문, 금으로 된 문이 물 건너로 인도하고 있었다. 말을 남겨 두고 혼자서 들어갔다. 밑에 도착하니 용왕의 도시, 금으로 된 도시, 은으로 된 도시가 있었다. 집 옆에는 작은 집[33]이 있었다. 거기로 들어가니 물로 땋은 머리채를 가진, 물의 아름다움을 지닌 여인이 앉아 있었다. 용왕의 딸이었다. 그녀가 말했다.

"에이, 타리크 페슈 니말랴 소프 님, 토룸이 아마도 내게 당신을 정해 주셨나 봐요."

그녀는 그를 껴안고 키스했다. 맥주를 곁들인 음식과 꿀 음식으로 대접했다. 여자가 말했다.

"우리 오빠들에게 가세요. 커다란 집으로 들어가세요. 거기서 버티면 버티는 것이고 못 버티면 마음대로 하세요."

그는 일어나서 나갔다. 집으로 들어가니 일곱 남자들이 카드를 하고 있었다. 그를 흘끗 보았는데 그는 거의 쓰러질 것 같은 몸을 겨우 버티고 있었다.

그들이 말했다.

"에이, 타리크 페슈 니말랴 소프, 무엇이 너를 이리로 데려왔느냐? 무엇이 너를 이리로 이끌었느냐?"

"살아 있는 사람이 같은 곳만 다니라는 법이 있겠어요?"

"만약 우리의 매제, 우리의 사돈이 되려거든 식탁에 앉아라."

---

33) 북(北)한티족과 만시족들에게는 여인들을 위한 특별한 건축물이 존재했는데 그것을 '작은 집'이라고 불렀다. 여자들은 월경이나 출산 중에 그 집에서 머물렀다.

그는 식탁에 앉아서 장기를 계속 두었다. 그는 명인이었다. 일곱 명이 두는 것보다 더 잘하는 명인이었다. 어느 날 그가 일곱 남자에게 말했다.

"나는 내 땅을 가진 사람이고, 내 강을 가진 사람으로 내 땅과 강이 그립습니다. 가 봐야겠어요."

그는 떠날 채비를 했고 약혼녀를 준비시켰다. 용왕의 딸이 말했다.

"당신에게 어떤 지참금이 필요한가요? 암소와 말이 필요한가요? 아니면 민물고기가 필요한가요?"

타리크 페슈 니말랴 소프는 말했다.

"물론 민물고기가 필요하오. 세상에 사람의 세기가 도래하면, 세상에 사람의 시대가 도래하면 사람들이 무엇을 먹겠소?"

아내가 말했다.

"당신 먼저 가세요. 당신이 도착하면 그때 나도 갈게요."

타리크 페슈 니말랴 소프는 문 너머에 있는 자신의 말에 올랐다.

그의 말은 너무 지쳐서 살은 없어지고 뼈도 없어졌을 정도였다. 타리크 페슈 니말랴 소프가 말에게 입김을 불었더니 과거와 같은 말이 되었고 과거와 같은 동물이 되었으며 이제는 전보다 더 훌륭해졌다. 한쪽 콧구멍에서는 불꽃이 날았고 다른 쪽 콧구멍에서는 연기가 피어올랐다.

말이 말했다.

"내 등에 타세요."

그는 말을 타고 길을 떠났으며 떠가는 구름, 흘러가는 구름과 함께 섞였다. 그렇게 가다가 한 곳에서 아래로 내려갔다. 그곳에는 계단이 있었고 계단은 하늘로 나 있었다. 말을 올여름에 자라났던 나뭇가지에 매어 놓고, 올여름에 자라났던 풀줄기에 매어 놓았다. 자신은 계단을 따라 올라갔다. 그는 하늘에 닿게 되었다. 달 노인이 개썰매를 타고 가고 있었다. 타리크 페슈 니말랴 소프는 아무리 뒤쫓아 가고 뒤쫓아 가도 그를 따라잡을 수가 없었다. 아무리 돌고 돌아도 이미 지나왔던 장소만 가고 또 가고 있었다. 타리크 페슈 니말랴 소프는 한 장소에서 기다리기 시작했다. 달 노인이 지나갔다.

그가 말했다.

"에이, 타리크 페슈 니말랴 소프, 네가 여기 있구나. 어떻게 여기에 오게 되었지?"

"살아 있는 사람이 같은 곳만 다니라는 법이 있겠어요?"

그들이 만났던 그 장소에는 집이 서 있었다. 달 노인이 말했다.

"타리크 페슈 니말랴 소프, 들어가라. 나는 그다음에 들어가겠다."

그는 집에 앉아 있던 딸에게 말했다.

"낯선 사람을 괴롭게 하지 마라."

이 말과 함께 달 노인은 떠났고 그는 안으로 들어갔다. 여자는 장막이 쳐진 칸막이 너머에 앉아 있었다. 그는 무릎을 굽히고 앉았다. 얼마 동안 앉아 있으니 추워지기 시작했다. 추위가 그를 사로잡았고 그를 덮쳤다. 달 노인이 들어와서 딸을 욕했다.

"젊은 사람들의 버릇은 도대체 이게 뭐란 말이냐!"

단번에 전혀 춥지 않게 되었다. 달 노인은 그를 사위로 받아들였고 그를 사돈으로 받아들였다. 그를 장막이 쳐진 칸막이로 데려갔고 그는 거기서 밤을 보낸 후 다음 날 일어나서 혼자 떠났다.

얼마 동안 가다가 어느 날 해 노파에게 도착했다. 아무리 해 노파 뒤를 뒤쫓아 가고 뒤쫓아 가도 따라잡을 수가 없었다. 해 노파는 말 세 마리를 타고 달렸다. 그는 한 장소에서 기다리기 시작했고 해 노파가 다가왔다. 거기엔 집이 하나 서 있었다. 해 노파는 말했다.

"에이, 타리크 페슈 니말랴 소프, 무엇이 너를 이리로 이끌었느냐? 무엇이 너를 이리로 인도했느냐?"

"살아 있는 사람이 같은 곳만 다니라는 법이 있겠어요?"

"들어가라. 나는 그다음에 들어가마."

노파는 딸에게 말했다.

"낯선 사람을 괴롭게 하지 마라."

그는 들어갔고 장막이 칸막이 앞에 걸려 있었다. 얼마 동안 앉아 있었는데 장막이 흔들리기 시작했다. 더위가 그를 사로잡았고 그를 덮쳤다. 해 노파가 들어와서 딸을 욕했다.

"젊은 사람들의 버릇은 도대체 이게 뭐란 말이냐!"

전혀 덥지 않게 되었다. 그를 맥주를 곁들인 음식, 꿀 음식으로 대접했다. 그는 먹고 나서 해 노파에게 말했다.

"자, 제가 해를 나를게요."

해 노파가 말했다.

"정말 해를 잘 나를 수 있을까?"

"내가 잘 못 나를 것 같으세요? 저도 잘 나를 수 있어요."

해 노파가 말했다.

"원한다면, 잘 나를 수 있다면 나르려무나."

타리크 페슈 니말랴 소프는 해를 가져다 날랐다. 밑을 보니 아래 땅에 정다운 민족이 있었는데 모두가 한결같이 외눈박이였고 입이 비뚤어져 있었다. 한 곳에서는 두 남자가 싸우고 있었다. 그들은 피가 나도록 싸웠다. 타리크 페슈 니말랴 소프는 생각했다. '만약 내가 저기 있었다면 이 개자식들의 싸움을 정리했을 텐데.' 그가 이렇게 생각하자마자 싸우던 사람들이 쓰러져 죽었다. 계속해서 갔다. 한 장소에서 또다시 아래를 보았다. 두 여자가 머리카락을 쥐어뜯고 싸우며 서로를 욕하고 있었다. 그는 생각했다. '내가 저기에 있었다면 이런 암캐 같은 여자들을 정리했을 텐데.' 그러자 그 여자들은 쓰러져서 죽어 버렸다. 계속해서 갔다. 얼마 동안 가다가 어느 날 해 노파한테 도착했다. 해 노파가 물었다.

"잘 다녀왔느냐?"

"네, 다녀왔습니다."

"아무런 나쁜 일도 저지르지 않았겠지?"

"아무 일도 저지르지 않았어요."

해 노파가 말했다.

"타리크 페슈 니말랴 소프, 만약 네가 해를 날랐다면, 서 있는 사람은 한 명도 남지 않았을 거야. 모두 죽었을 거다. 왜 너는 이 네 명의 사람을 죽였느냐?"

타리크 페슈 니말랴 소프는 말했다.

"싸우고 헐뜯었어요. 저는 그냥 생각만 했을 뿐인데 그들이 쓰러졌어요."

해 노파가 말했다.

"세상에 사람의 세기, 사람의 시대가 도래하면 그런 식으로 모든 사람들을 죽이겠군."

그들은 딸에게 갔다. 해 노파는 타리크 페슈 니말랴 소프를 사위로 삼았고 사돈으로 삼았다. 사위가 말했다.

"아래 땅에 사는 이 사람들은 왜 모두 외눈박이에 입이 삐뚤어졌어요?"

해 노파가 말했다.

"모두가 건강하고 두 눈의 사람들이며, 모두가 건강하고 똑바른 입을 가진 사람들인데, 그들이 너를 보게 되면 그들의 눈이 견딜 수가 없는 것이다."

타리크 페슈 니말랴 소프는 떠났다. 해 노파가 말했다.

"되돌아올 때는 내 딸, 달 딸을 계단 옆에서 찾으면 찾을 것이요, 못 찾으면 그것도 네 일이니 상관하지 않겠다."

아내를 거기에 남겨 두고 혼자서 계단을 따라 내려가서 밑에 도착했다. 말은 배고픔에 너무나 지쳐서 뼈도 없고 살도 없었다. 말에 입김을 부니 전과 같은 말이 되었고 이제는 더 훌륭한 말이 되었다. 한쪽 콧구멍에서는 불꽃이 용솟음쳤고 다른 쪽 콧구멍에서는 연기가 솟구쳤다. 말 등에 타고 또다시 길을 떠나서 떠가는 구름, 흘러가는 구름과 함께 섞였다. 얼마 동안 가다가 어느 날 구멍이 난 절벽에 도착했다. 하늘이 드리워진 그곳에서 구멍이 난 절벽에는 일곱 강철 그물이 씌워져 있었다. 그는 강철 매 털가죽을 입었다. 그물을 지키는 노인이 말했다.

"에이, 타리크 페슈 니말랴 소프, 온 땅을 돌아다니며 너는 꾀를 부리고 또 재주를 피웠지만 네가 내 강철 그물을 통과하더라도 너는 내 어망에 걸려들게 될 거다."

타리크 페슈 니말랴 소프가 보니 그물에 약한 철로 된 그물코는 하나뿐이었고 나머지는 모두 강철로 되어 있었다. 그는 거기로 가서 약한 철로 된 그물코를 겨우 통과했지만 그의 날개가 잘려 나갔다. 그래서 물로 떨어졌다. 노인이 말했다.

"내게는 강철 어망도 있다. 너는 강철 그물을 지나 통과했지만 어쨌든 나는 너를 강철 어망으로 잡을 거네."

그는 강철 어망을 보았는데 그 속에는 약한 철로 된 그물코가 단 하나뿐이었고 나머지는 모두 강철로 되어 있었다. 그가 물로 떨어졌을 때 그는 강철 작은 농어의 모습으로 계속 헤엄쳐 갔다. 헤엄쳐 가고 또 가서 약한 철로 된 그물코로 향했다! 그러나 그는 통과할 수가 없었고 걸려들었다. 노인이 말했다.

"내가 저자를 죽이겠어."

아내가 말했다.

"내가 죽일래요."

아내가 작은 농어를 쥐자 남편이 강철 망치로 때리기 시작했다. 노인이 말했다.

"더 세게 잡아!"

그가 강철 망치로 때리자 작은 농어는 미끄러져 빠져나갔고, 그는 아내의 손을 때려 부러뜨리고 말았다. 아내가 욕을 했다.

"방금 제가 '내가 죽이겠다'고 말했잖아요. 이제 당신이 쥐고 있어요. 제가 죽일 테니."

노인이 농어를 잡고, 아내가 튼튼한 손으로 죽이려 했다. 작은 농어는 미끄러져 펄쩍 뛰었고 노인의 손은 반으로 부러졌다. 펄쩍 뛰어서 작은 농어는 도망쳤고 망을 뚫고 통과해 갔다.

타리크 페슈 니말랴 소프는 작은 거위의 모습으로 남쪽 지방으로 날아갔다. 남쪽 노파와 노인의 집에 도착했다. 그는 거위 가죽을 벗고 집으로 들어갔다. 노파와 노인이 앉아 있었다. 그들이 말했다.

"세상의 다른 끝에서 너에 대해 들었다. 타리크 페슈 니말랴 소프, 무엇이 너를 이리로 이끌었느냐? 무엇이 너를 이리로 인도했느냐?"

"살아 있는 사람이 같은 곳만 다니란 법이 있겠어요?"

남쪽 노파가 나가서 살아 있는 오리를 두 마리 잡아 와서 죽여 끓였다. 타리크 페슈 니말랴 소프는 그 오리를 먹었다. 여자는 그 뼈를 가지고 나가서 살아 있는 물이 담긴 호수에 뿌렸다. 그 뼈들은 꽥꽥거리면서 오리가 되어 날아갔다.

남쪽 노파와 노인이 말했다.

"타리크 페슈 니말랴 소프, 나가거라. 만약 무엇인가를 얻게 되면 얻게 될 것이고, 못 얻어도 네 일이니 상관하지 않겠다."

타리크 페슈 니말랴 소프가 나가서 보니 집 옆에 작은 집이 있었다. 거기로 들어갔다. 작은 집 안에는 머리에 아무것도 쓰지 않은 여자가 앉아 있었고 그녀의 머리채는 풀어 헤쳐져 있었는데 막 머리를 땋으려고 하고 있었다. 그녀의 무릎은 비단으로 덮여 있었고 비단 끝이 살랑이고 있었다. 타리크 페슈 니말랴 소프는 말했다.

"나는 먼 땅을 지나왔네. 일곱 오리로 머리를 땋고, 일곱 꿩으로 머리를 땋는다고 전에 들은 적이 있었던 어떤 괜찮은 여인을 찾을 거라고 생각했네. 이제 찾고 보니 어떤 합금도 없고 어떤 꿩도 없고 무릎에 살진 어린애가 움직이고 있구나."[34]

여자가 비단을 치웠더니 일곱 오리, 일곱 꿩이 날아가서

34) 남쪽 노파 딸의 머리 장식은 보통 여자들처럼 금속 모양의 새가 아니라 살아 있는 새들이었다. 그녀가 머리채를 풀었을 때는 새를 무릎에 앉히고 날아가지 못하도록 비단 스카프로 덮어 놓았다. 비단의 살랑거림을 주인공은 그녀가 임신한 것으로 해석하고 있다.

그의 눈과 귀를 여기저기 할퀴었다. 그는 여자에게 말했다.

"새들을 잡아서 치우시오. 내 눈과 귀를 완전히 할퀴어 버리겠소."

그들은 곁에 앉아서 껴안고 키스했다. 여자가 남편에게 말했다.

"우리 부모님께 가세요. 가서 황금 거위 털가죽과 황금 백조 털가죽을 하나 달라고 하세요."

타리크 페슈 니말랴 소프는 노파와 노인에게 가서 말했다.

"제게 황금 거위 털가죽, 황금 백조 털가죽을 하나 주세요."

노부부는 고개를 숙이고 앉아 있었다. 노인은 고개를 들고 사위에게 황금 거위 털가죽, 황금 백조 털가죽을 하나 주었다. 그는 황금 거위 털가죽을 쓰고 그의 아내는 황금 백조 털가죽을 썼다. 남쪽 노파와 노인은 말했다.

"우리 딸, 우리 사위야! 세상에 사람의 세기가 도래할 것이고, 세상에 사람의 시대가 도래할 것인데, 이 거위 오리들을 우리는 우리 딸을 위한 지참금으로 준비했단다. 세상에 한 남자, 한 여자만 있는 동안 그들을 먹어라. 그들은 결코 없어지지 않을 것이다."

그들은 껴안고 키스하고 날아갔다. 거위와 오리가 그들

의 뒤에 모여들었다. 구멍이 있는 절벽을 지나 이 세상으로 날아왔다. 타리크 페슈 니말랴 소프는 여기서 자신의 말을 찾았다. 말은 완전히 지쳐서 뼈도 없고 살도 없었다. 그는 말에게 입김을 불었고 말은 전과 같아졌고 이제는 더 훌륭해졌다.

타리크 페슈 니말랴 소프는 거위의 모습으로 말 등에 타고 그의 아내는 날개로 날았다. 계단에 도착했는데, 거기에서 해 노파의 딸과 달 딸이 말이 끄는 짐마차, 암소가 끄는 짐마차와 함께 길을 떠났다. 얼마 동안 가는데 바다 한가운데서 용왕의 도시 성문이 열렸고 용왕의 딸이 나타났다. 그들은 계속 갔다. 그들 뒤에 민물고기가, 거위 오리가 흐르는 물처럼 헤엄치고 날아갔는데 우글거리듯이 많았다. 얼마 동안 가서 그의 도시에 도착했다. 부모님께 달려가서 껴안고 키스했다. 떠가는 구름을 찌를 듯한 도시가 서 있었고 흘러가는 구름을 뚫을 듯한 도시가 서 있었다. 유유히 흐르는 금이 흘러넘치는 집이 생겨났고 유유히 흐르는 금이 흘러넘치는 도시가 생겨났다. 담비 털가죽이 걸리지 않은 못이 하나도 없었고 짐승 가죽이 걸리지 않은 못이 하나도 없었다.[35)]맥주를 곁들인 음식, 꿀술 음식이 차려진 식탁이 놓였고 먹

35) 신과 영혼들의 부유한 주거지를 묘사하는 상투적 문장이다.

고 마셨다. 그들이 먹고 마시는 동안 그의 어머니가 말했다.

"세상에 사람의 세기가 도래하면, 세상에 사람의 시대가 도래하면 빈한한 겉옷을 입은 수많은 여자가 살고 있고 빈한한 겉옷을 입은 수많은 남자가 살고 있는 여자 용사들이 있는 모든 지방에서, 용사들이 사는 모든 지방에서[36] 너에게 뿔 달린 사슴을 제물로 바치게 될 것이고, 발굽 있는 사슴을 제물로 바치게 될 것이다.[37]"

이제 그는 눈과 귀를 돌리고 여섯 아내와 함께 잠자리에 들었다. 다음 날 깨어서 손을 뻗으니 손이 따뜻한 곳에 닿았고 발을 뻗으니 발이 따뜻한 곳에 닿았다.[38] 그의 어머니 아버지가 그에게 다가왔다. 어머니가 말했다.

"아들아, 이제 아래 세상[39]에 남아 있거라. 우리는 위 세

---

36) '용사들이 사는 모든 지방'은 영혼들이 사는 지방이라는 말이다. 여자 용사 남자 용사는 죽은 후에 만시족의 수호자 영혼들이 되었다. '빈한한 겉옷을 입은' 사람들은 이런 영혼들에게 제물을 바치며 이 영혼들에게 복종하게 되는 평범한 사자(死者)들을 말한다.

37) 사슴을 제물로 올릴 때는 사슴의 머리 부분과 발굽 부분을 제외하고 가죽을 벗겨서 바쳤다.

38) 주인공이 담비 털가죽 침상에서 잘 때 느끼는 완전히 편안한 감정을 전달해 주는 상투적 문장이다.

39) 하늘이 아니라 땅에 남아 있으라는 말이다.

상으로 간단다. 언젠가 세상에 사람의 세기가 도래하면, 세상에 사람의 시대가 도래하면 너는 아래 세상에서 세상의 감독관이 될 것이다. 너의 아버지는 위 세상에서 토룸 신이 되고 나는 칼타시[40]로 살아갈 것이다."

그들은 세 방향으로 흩어졌다. 지금까지 풍요와 부유함 속에서 살고 있다.

---

40) 칼타시 안키, 칼타시 이미(한티족), 칼타시 엑바(만시족)은 북(北) 옵스크 우그르족의 가장 중요한 신 중 하나로 아이들을 점지해 주고 사람의 수명을 결정한다. 그녀가 이올리 투룸 샨이고 마 안크프다.

달이 땅에 다녀간 이야기

오래전에 늙은 여인이 살았다. 노파는 집안일에 전념했고 음식을 조리했다. 어느 날 저녁 노파는 화덕을 지펴서 저녁을 준비하기 시작했다. 노파는 손자 손녀와 나무 집에서 살았다.

어느 날 아이들은 밤에 거리로 나가서 달을 놀리기 시작했고 달에게 얼굴을 찡그리고 손가락질을 했다. 그러자 달이 장난꾸러기 아이들에게 매우 화가 나서 땅에 내려오기 시작했다. 응석받이 아이들은 무서워서 집으로 도망쳤다.

할머니는 아이들을 보고는 집에서 나왔다. 하늘을 쳐다보니 달이 없었다. 주위를 보니 검게 된 달이 땅으로 내려오고 있었다. 노파는 집에 들어가서 손으로 만든 자루에 든 수공예품을 비워 내고 그 속에 손자들을 밀어 넣고는 자루를 꿰매서 저쪽에 숨겨 두었다. 그런 다음 소금과 빵[41]이 담긴 자작나무 껍질 접시를 식탁에 놓았다. 노파가 얼마 동안 기다리자 화가 나서 검게 된 달이 문 앞에 다가왔다. 달은 시끄럽게 쿵쾅거리며 들어와서 노파에게 물었다.

---

41) 소금과 빵은 멀리서 온 귀한 손님에게 처음 대접하는 음식이다.

"나를 놀리고 내게 얼굴을 찌푸리던 장난꾸러기 아이들은 어디 있느냐?"

달의 목소리를 들은 소금이 말했다.

"달아, 사랑스러운 아이들이 너를 놀렸다고 단번에 화가 나서 땅으로 내려왔구나. 사람들이 이렇게 음식을 하려고 나를 솥에 던져도 나는 화를 내지 않는단다."

그런 다음 식탁에서 빵이 말을 하기 시작했다.

"화가 난 달아, 너는 죄 없는 아이들을 먹고도 또다시 땅에 내려왔구나. 사람은 나를 뜨거운 물에 이겨서 뜨거운 화덕에 굽는단다. 화덕에서 꺼내 나를 조각조각 잘라도 나는 화를 내지 않는단다. 그런데 너 달은 아이들에게 화가 났구나."

그러자 달은 시끄럽게 쿵쾅거리며 집에서 나가 하늘의 제자리로 올라갔다. 노파가 밖으로 나와 위를 보니 달이 또다시 밤하늘에서 빛나고 있었다. 노파는 집으로 들어가서 손으로 만든 자루를 뜯고 손자들을 풀어 주었다. 그들은 지금도 그렇게 살고 있다.

다리 여섯 달린 사슴 사냥

한 사람이 아내와 살고 있었다. 그들에게는 아직 요람에 누워 있는 어린 아들이 있었다. 어느 날 여자가 물을 길으러 나갔다가 보니 멘크프가 다리 여섯 달린 사슴을 쫓고 있었다. 집에 돌아오니 남편이 아내에게 물었다.

"무슨 할 말 없소?"

"아무것도 없는데요. 다만 멘크프가 다리 여섯 달린 사슴을 뒤쫓고 있었어요."

모시 훔[42]이 이 말을 듣고는 요람에서 뛰어나가 도망쳤다.

모시 훔은 사슴을 뒤쫓아 갔다. 얼마 동안 쫓아서 따라잡아 사슴의 두 뒷다리를 잘랐다. 앞 두 다리와 중간 두 다리가 남았다. 모시 훔이 사슴을 쫓아갔던 길은 지금도 보인다. 그것이 은하수다. 또 사슴도 보이는데 그것이 큰곰자리다. 전에는 사슴의 다리가 여섯이라 사람들이 따라잡을 수가 없었다.

---

42) 만시족 중에서 콘다강 하류에 거주하던 종족을 모시족이라고 불렀다. 모시 훔은 여기서 모시족의 신화적 선조이고 일상 언어에서는 모시족 남자를 가리킨다.

북풍 이야기

루이 보트 오이카는 북풍이다. 그 노인은 바다 건너 하류 쪽에 살았다. 노인은 밤낮으로 멈추지 않고 계속 바람을 불었다. 이 때문에 땅은 매우 추웠다. 사람들은 북풍 때문에 괴로워했다. 겨울에도 여름에도 계속 불어 댔다. 매일 사람들은 추위로 죽어 갔다. 어느 날 한 사람이 말했다.

"하류 쪽의 북풍한테 가야겠소. 내가 가서 싸우리다."

그 사람은 채비를 하고 떠났다. 얼마 동안 걸어가서 하류 쪽 북풍에게 도착해 싸우자고 그를 불렀다. 북풍은 활과 화살을 집어 들고 집에서 뛰어나왔다.

그들은 오랫동안 싸웠고 서로서로에게 화살을 쏘아 댔다. 끝에 가서 사람이 기회를 엿보다가 활을 당겼다. 화살은 북풍의 아래턱 반을 깨뜨렸다. 이때부터 바람이 멈추었다. 따뜻해졌다. 너무나 더워서 사람들은 더위로 앓기 시작했다. 겨울에도 여름에도 계속 더웠다. 매일 사람들은 더위로 죽어 갔다.

얼마 동안의 시간이 흘렀고 또다시 바람이 불기 시작했다. 그의 턱이 아물기 시작했던 것이다.

그의 턱은 아물었지만 이전의 힘은 남아 있지 않았다. 이전 힘의 반만 남게 되었다. 그래서 반의 힘으로 바람을 불었다. 이때부터 사람들이 살기 좋게 되었다.

엑바 피리스에 대한 첫 번째 이야기

신의 도시 옆, 황제의 도시 옆에 엑바 피리스가 살고 있었다. 할머니와 둘이서 도시 근처에서 살았다. 할머니는 그를 이렇게 가르쳤다.

"너는 장사를 하거라."

"저는 장사치가 되기 싫어요. 신부들이 어쨌든 벌이를 다 가져가잖아요."

할머니는 말했다.

"그럼 무엇을 먹고 살 거니?"

엑바 피리스는 벌떡 일어나서 춤을 추기 시작했다. 큰 손가락으로 작은 손가락으로 춤을 추었다. 할머니가 말했다.

"얘야, 왜 그렇게 살려고 하니?"

그는 할머니를 붙잡고 키스를 했다.

엑바 피리스는 말했다.

"할머니, 도시에 다녀올게요."

할머니가 말했다.

"얘야, 너를 죽일 거야. 도시에는 높은 사람들이 살잖아."

그러나 엑바 피리스는 당장 옷을 입고 도시로 출발했다. 도시를 이리저리 돌아다녔다. 그가 그렇게 걸어 다니고 있을 때 세 마리의 백마가 끄는 썰매가 다가왔다. 쳐다보니 대사제였다.

"멈추시오!"

대사제는 멈췄다. 엑바 피리스는 말했다.

"신부님, 제게 당신의 말을 주세요."

신부가 말했다.

"왜?"

엑바 피리스가 말했다.

"제가 밀가루를 샀거든요."

"금방 올 거냐?"

"네, 금방 올게요."

"좋다, 가져가라."

엑바 피리스는 썰매를 타고 떠났다. 엑바 피리스는 세 마리의 말을 타고 돌아다녔다. 그리고 신부의 처한테 가서 소리쳤다.

"당신의 남편이 돈을 가져오래요. 얼른 주세요!"

"무엇에 쓰려구요?"

"백마를 찾았어요. 사고 싶대요."

엑바 피리스는 돈 상자를 가지고 집으로 갔다. 집에 도착해서 세 마리의 말을 모두 죽였다. 할머니가 나무랐다.

"이제 범죄인이 되었구나."

엑바 피리스는 춤을 추었다. 세 명의 카자흐인이 도착했다.

"엑바 피리스, 황제가 부르신다."

"왜 황제가 저를 불러요? 좋아요, 가죠."

엑바 피리스는 썰매를 탔다. 황제에게 갔다. 카자흐인들과 신부들이 모두 거기에 모였다. 신부들이 말했다.

"이렇게 도둑이 왔군."

엑바 피리스가 말했다.

"신부님들은 어리석어요. 제가 신부님들보다 더 똑똑해요. 신을 모시고 너무 잘 사니 신부님들은 할 줄 아는 게 없어요. 나를 도둑이라고 말하는 것은 신에 대한 죄예요."

황제가 말했다.

"그를 데려가서 물에 빠뜨려라."

사람들은 그를 붙잡아서 데려갔다. 황후가 울기 시작했다.

"엑바 피리스는 매우 똑똑한 사람인데."

황제는 생각에 잠겼다. 신부들은 엑바 피리스를 젖은 암소 가죽으로 된 자루에 넣고 꿰맸다. 카자흐인에게 지키라고 명령했다. 엑바 피리스는 소리쳤다.

"금화도 필요 없어요! 은화도 필요 없어요!"

카자흐인이 말했다.

"엑바 피리스, 무슨 말을 하는 거냐?"

"이 자루 속에는 돈이 많이 나와요."

카자흐인이 말했다.

"나를 자루에 넣고 꿰매라."

엑바 피리스는 자루에서 기어 나왔고 카자흐인이 그리로 들어갔다. 엑바 피리스는 얼마 지나서 커다란 몽둥이로 카자흐인을 때렸다. 엑바 피리스는 카자흐인의 옷을 입었다. 신부들이 도착해서 자루를 물속에 넣기 시작했다. 자루 속에서 이런 목소리가 들렸다.

"나는 카자흐인이에요."

신부들이 말했다.

"너는 우리와 황제를 여러 번 속였다."

신부들은 카자흐인을 익사시켰고 엑바 피리스는 도망쳤다. 그는 대사제에게서 또 말 세 마리를 훔쳐서 온 도시를 돌아다녔다. 황제가 아내에게 말했다.

"보시오. 엑바 피리스가 아직 살아 있소."

황후가 말했다.

"엑바 피리스를 죽이지 마세요."

황제는 화를 냈다. 그리고 엑바 피리스를 붙잡았다. 신부들은 또다시 그를 젖은 암소 가죽으로 만든 자루에 넣어 꿰매서 교회 문에 매달아 놓았다. 그리고 이렇게 썼다. '여기에 도둑이 있소.' 대사제는 다른 신부들에게 말했다.

"신부님들은 그를 지키지 못해요. 내가 직접 남아서 지킬게요."

신부들은 떠나고 대사제만 남았다. 엑바 피리스는 말했다.

"나는 신의 어머니와 신의 아버님과 함께 있다."

신부가 말했다.

"무슨 일을 하는 거냐?"

"나는 여기 신의 어머니와 함께 있다."

"나를 거기로 들어가게 해 다오."

신부는 엑바 피리스를 밑으로 내렸다. 엑바 피리스는 신부를 자루에 넣고는 이렇게 썼다. '여기에 도둑이 있다. 어떤 신부가 오더라도 몽둥이로 때려야만 할 것이다.' 엑바 피리스는 신부복을 입고 도망쳤다.

신부들이 와서 읽어 보니 '여기에 도둑이 있다. 어떤 신부가 오더라도 몽둥이로 때려야만 할 것이다'라고 쓰여 있었다.

도둑이 소리쳤다.

"나는 대사제다!"

신부들이 말했다.

"너는 우리를 너무 많이 기만했다."

신부 한 사람 한 사람이 대사제를 한 대씩 때렸다.

엑바 피리스는 황제에게 갔다. 손님으로 묵었다. 먹고 마셨다.

황제가 말했다.

"나는 갈 테니 네가 여기 머물러라."

황후가 엑바 피리스가 온 것을 알게 되었다.

"네가 엑바 피리스라는 것을 알고 있다."

그들은 이야기를 나누기 시작했다. 엑바 피리스는 말했다.

"당신의 남편과 함께 산책하러 갈까요?"

황후가 말했다.

"내가 남편에게 '함께 가요, 산책해야 해요!'라고 말하겠네."

남편이 왔을 때 그녀는 그렇게 말했다. 황제는 동의했다. 세 마리의 말을 묶어서 출발했다. 얼마 동안 가다가 황후가 말했다.

"멈춰요. 여기가 좋은 장소예요."

그들은 멈추었다. 앞으로 걸어갔다. 엑바 피리스는 황제에게 말했다.

"황제여, 당신의 옷을 벗어요. 같이 놉시다."

황제는 옷을 벗었다. 그들은 놀기 시작했다. 엑바 피리스는 황제를 갈기갈기 찢어 죽이고 자기가 황제 옷을 입었다. 황후는 말했다.

"갑시다."

그들은 집에 도착해 함께 살기 시작했다. 그는 황제인 척했다. 신부들을 불러 모아 이렇게 말했다.

"당신들은 엑바 피리스를 죽일 수가 없었지만 나는 직접 엑바 피리스를 죽였소."

신부들이 대답했다.

"우리가 직접 그를 죽였습니다."

"어디서요?"

"거기서요."

그들이 도착해서 보니 그들이 죽인 것은 대사제였다. 엑바 피리스는 신부들을 모두 감옥에 가두고 집으로 갔다. 집에 도착해서 카자흐인에게 말했다.

"백성들을 모으시오. 내가 모든 것을 말할 거요."

사람들이 도착했다. 엑바 피리스는 이렇게 말하기 시작했다. '신부들이 도둑들이다. 그들은 자기 주인을 죽였다. 불쌍한 백성을 심하게 압박했다. 불쌍한 백성이 그렇게 살아서는 안 된다.'

그리고 엑바 피리스는 황제가 되었다. 불쌍한 백성을 잘 보살피기 시작했다. 위와 아래에서 사람들이 배를 타고 왔고 그에 대한 소문을 가져왔다.

“이 신의 도시에, 이 황제의 도시에 엑바 피리스가 등극했다.”

이에 대해 카자흐인들도 알게 되었다. 그들은 말했다.

“엑바 피리스를 죽여야만 한다.”

다른 사람들은 말했다.

“안 된다. 그는 매우 현명한 황제다.”

엑바 피리스는 자기 백성을 모아 놓고 말하기 시작했다.

“내가 이 신의 도시에, 황제의 도시에서 왕위에 오른 것은 이야기로 알려지고 노래로 소문이 나기 위해서다.”

엑바 피리스에 대한 두 번째 이야기

신의 도시, 황제의 도시에 엑바 피리스가 살았다. 할머니와 둘이서 도시 근처에 살고 있었다. 사람은 노래로 이야기로 성장한다. 엑바 피리스는 할머니에게 말했다.

"도시에 다녀올게요."

"얘야, 멀리 가지 말거라."

"멀리 가지 않을게요."

엑바 피리스는 옷을 입었다. 그리고 도시로 갔다. 도시에 도착해서 거리 여기저기를 돌아다녔다. 엑바 피리스는 '무엇을 하지?' 하면서 생각에 잠겼다. 그렇게 돌아다니다가 교회에 도착했다. 저쪽을 쳐다보니 교회 열쇠가 삐죽 나와 있었다. 엑바 피리스는 열쇠로 교회 문을 열었다. 교회 안으로 들어갔다. 교회를 둘러보기 시작했다. 촛불을 밝혔다. 사제복을 입었다. 사제가 밤에 밖을 보니 온 교회에 촛불이 밝혀져 있었다. 자기 아내에게 말했다.

"어떻게 내가 없는데 교회 안의 촛불이 밝혀져 있지? 내가 가서 보고 올게, 누가 들어왔는지."

신부는 밖으로 나와서 교회로 갔다. 엑바 피리스는 신부가 오는 소리를 들었다. 그는 촛불을 껐다. 신부가 교회로 들어왔다. 교회는 완전히 깜깜했다. 신부는 밖으로 나와서 집으로 갔다. 도착해서 아내에게 말했다.

"교회 안이 깜깜했어. 그 누구도 없던데."

엑바 피리스는 또다시 촛불을 밝혔다. 커다란 신부의 십자가를 들고 철 모자를 쓰고 손에 커다란 촛불을 들고 신부에게 갔다. 가면서 이렇게 노래했다.

"이 밤에 성모가 신부를 데려간다네."

사제는 아내에게 말했다.

"이 밤에 나를 성모가 데려갈 거래."

신부는 옷을 입기 시작했다. 밖으로 나갈 준비를 하자 아내가 말했다.

"저도 데려가 달라고 말해 주세요."

신부가 밖으로 나와 보니 신이 와 있었다. 신과 함께 교회로 출발했다. 도착해서 교회에 들어갔다. 신(엑바 피리스)은 말했다.

"너는 여기 서 있거라. 나는 저기에 다녀오마."

엑바 피리스는 밧줄을 가져왔다. 신부의 다리와 팔을 묶었다.

"신이 올 때까지 소리치거나 밧줄을 풀지 마라. 신이 오면 너를 풀어 줄 것이다."

엑바 피리스는 사제복을 벗고 신부의 아내에게 갔다.

신부의 아내에게 가서 말했다.

"빨리 옷을 입으시오. 갑시다. 신이 당신을 기다려요."

그들은 갔다. 말이 두 마리 묶인 썰매가 서 있었다.

"어서 타세요. 신이 당신을 기다려요."

신부의 아내는 썰매에 탔다. 엑바 피리스는 그녀와 함께 집으로 왔다. 할머니는 말했다.

"네가 이런 친구를 데려왔구나!"

얼마간 그렇게 살았다. 어느 날 할머니가 집으로 뛰어 들어왔다.

"손자야, 신부들이 오고 있구나!"

엑바 피리스는 서둘러 사제복을 입었다. 커다란 신부의 십자가를 들고 밖으로 나갔다. 마주 오는 신부들에게 물을 뿌렸다. 신부들은 멈추었다. 엑바 피리스는 여기다 뿌리고 신부들에게도 뿌렸다. 그리고 이렇게 말했다.

"신은 당신들이 여기에 들어오는 것을 허락하지 않아요. 여기는 성모와 성부가 사는 곳이에요."

신부들은 놀라서 집으로 갔다. 신부들은 집으로 갔다가 황제에게 갔다. 궁전 문을 지키는 사람에게 다가갔다.

"용무가 있습니다."

문을 지키는 사람이 말했다.

"무슨 용무요?"

"신이 우리의 대사제를 묶었습니다. 언제 그를 풀어 줄 수 있습니까?"

궁전 문을 지키는 사람이 황제에게 가서 신부들이 용무가 있어서 찾아왔다고 말했다.

"무슨 용무냐?"

"신이 대사제를 묶었습니다."

황제는 생각에 잠겼다가 웃기 시작했다.

"분명히 엑바 피리스다. 그가 장난치는 거야."

궁전 문을 지키는 사람은 '신부들을 들여보내선 안 되겠군'이라고 생각했다. 그는 신부들에게 가서 말했다.

"들어와서는 안 됩니다."

신부들은 집으로 갔다. 그런데 대사제가 자유로이 활보하고 다니는 것이 보였다.

"누가 풀어 주었습니까?"

"신께서 풀어 주었네."

"신은 어떤 모습이셨습니까?"

"전혀 모르는 얼굴이셨네."

"왜 우리에게 말하지 않았습니까?"

"내가 언제 신이 오실지 어떻게 알았겠는가?"

신부들은 집으로 갔다.

신부가 보니 아내가 없었다. 얼마 동안 그렇게 살았는데 그의 아내가 밤에 집으로 왔다. 신부는 아내에게 물었다.

"어디 갔었어?"

"저는 성모의 집에 있었어요. 성모는 계속 기도를 했고 저도 기도를 했지요. 성모는 잠도 별로 안 자고 기도를 했어요."

얼마 후에 엑바 피리스가 이렇게 말했다.

"할머니, 도시에 다녀올게요."

"손자야, 가지 마라, 밤에 도시를 돌아다니면 안 된단다."

"아니에요. 저는 무섭지 않아요."

엑바 피리스는 사제복을 입었다. 신부의 집으로 갔다. 신부는 집에 없었다. 엑바 피리스는 신부의 아내에게 말했다.

"황제에게 손님으로 갑시다."

신부의 아내는 옷을 입고 채비를 한 다음 엑바 피리스와 함께 출발했다. 그들은 황제의 궁전에 도착했다. 문을 지키는 사람이 말했다.

"누구요?"

"왜 물어보시오. 물어보면 안 됩니다."

문지기는 황제에게 갔다.

"어떤 사람이 왔습니다."

황제가 물었다.

"그의 이름이 무엇이냐?"

"그가 말하길 왜 물어보냐고 되물으면서 물어보면 안 된답니다."

"가서 들어오게 해라."

모르는 사람이 들어왔다. 황제는 음식을 준비하라고 했다. 음식을 먹고 마시는 동안 황제가 그에게 물었다.

"도대체 누구요?"

"왜 묻는 거요? 저쪽을 보시오. 무엇이 있고 무슨 형상이오? 당신은 그들에게도 이렇게 묻겠소? 그러니 내게도 캐물어서는 안 되는 것이오."

황제는 깜짝 놀랐다. 그리고 두려워지기 시작했다.

"도대체 당신은 누구요? 내게 부탁이 있소."

"무슨 일이오?"

"우리 도시에 엑바 피리스라는 사람이 있소. 어떻게 그를 손아귀에 넣을 수 있겠소?"

"어떻게 해야 하는지 나는 알고 있소. 더 많은 돈과 더 많은 술을 가져오시오. 그러면 그는 술에 취할 것이고 당신은 그를 붙잡을 수 있을 거요. 내일부터 사흘째 되는 날에 잡으러 가시오. 그때 그가 집에 있을 거요."

엑바 피리스는 황제와 헤어졌다. 황제는 그와 함께 밖으로 나왔고 엑바 피리스는 출발했다. 신부의 아내를 집에 데려다주고 자신은 자기 집으로 갔다. 집에 돌아오는 중에 노인을 만났다.

"노인 양반, 어디를 가시오?"

"도둑질하러 가는 길이오."

"우리 집에 갑시다."

그는 노인에게 자기 옷을 입혔다. 그러자 노인은 엑바 피리스와 비슷해졌다. 그리고 엑바 피리스 자신은 노인처럼 분장했다. 신부들이 엑바 피리스에게 왔다. 노인에게 술을 먹이기 시작했다. 그리고 노파에게 물었다.

"당신 손자를 우리에게 넘기시오. 금을 얼마나 주면 되겠소?"

"내 키만큼 금화를 주시오. 그러면 내 손자를 넘기리다."

"주겠소."

한 신부가 밖으로 나가서 금화와 은화를 가져왔다. 노파의 키만큼 금화를 뿌렸다. 그들은 엑바 피리스 대신에 노인을 데려갔다. 신부들은 말했다.

"어디로 데려가지? 물에 끓여 버릴까? 아니면 불에 태워 버릴까?"

대사제가 말했다.

"그를 타르가 든 솥에 던져 버립시다."

그들은 타르가 든 솥에 불을 땠고 솥이 끓기 시작했다. 엑바 피리스 대신에 노인을 솥에 던졌다. 대사제는 말했다.

"더 이상 살아나지 못할 것이다."

신부들은 집으로 갔다.

그 후 얼마 지나 엑바 피리스가 할머니에게 말했다.

"도시에 다녀올게요."

"손자야, 가지 마라. 신부들이 죽일 거야."

"아니에요. 죽이지 못해요."

엑바 피리스는 옷을 입고 채비를 했다. 도시로 가서 황제의 궁전을 돌아다녔다. 황제가 그를 알아봤다.

"엑바 피리스, 어떻게 살아났지?"

"저를 타르가 든 솥에 넣고 끓였지만 솥 안에서 저는 더 좋아졌어요."

"엑바 피리스, 정말이냐? 좋아졌다는 말이?"

"정말이죠."

황제가 말했다.

"잠깐 기다려라. 내가 나갈 테니."

황제가 밖으로 나와서 엑바 피리스에게 갔다.

"함께 대사제한테 가 보자."

얼마 동안 걸어서 대사제에게 갔다. 황제가 말했다.

"엑바 피리스를 타르가 든 솥에 넣고 끓였는데 지금 더 좋아졌다는구나."

신부가 말했다.

"엑바 피리스, 정말 너란 말이냐?"

"정말 저예요."

"어떻게 살아났지?"

"당신이 나한테 해 준 일 때문에 이젠 죽지 않게 되었어요."

황제가 말했다.

"갑시다. 나도 끓여 주시오."

황제는 사제들을 모두 불러 모았고 모든 카자흐인들을 불러 모았다. 황제는 신부들과 카자흐인들에게 이렇게 말하기 시작했다.

"엑바 피리스는 타르가 든 솥 안에서 끓여졌다. 이제 엑바 피리스는 더 이상 죽지 않게 되었다. 그래서 오늘 나는 타르가 든 솥 안으로 들어갈 것이다."

엑바 피리스는 말했다.

"아무것도 생각해서는 안 돼요. 무엇인가를 생각하게 되면 살아날 수가 없어요. 황제께서도 아무것도 생각하지 마세요."

신부들은 황제를 붙잡아서 타르가 든 솥에 던졌다. 얼마 동안 기다렸다가 타르가 든 솥을 꺼냈다. 황제는 뼈만 남아 있었다. 엑바 피리스는 사람들에게 말했다.

"솥에 던졌을 때 아마도 황제는 무엇인가를 생각했던 모양입니다. '이제 나는 죽었구나!'라구요. 이 때문에 살아나지 못한 거예요. 당신들, 세 분 신부님들은 단번에 솥으로 기어 들어가서 아무것도 생각하지 마세요. 만약 생각을 하게 되면 살아나지 못할 것입니다. 만약 당신들이 솥으로 기어 들어가지 않으면 황제도 다시는 살아나지 못할 것입니다."

황제의 신하들이 말했다.

"맞아. 그렇게 해야만 해. 신부들이 황제를 죽인 거야. 만약 신부들이 솥에 들어가지 않는다면 그들을 재판해야만 해."

신부들은 깜짝 놀랐다. 한 신부가 말했다.

"내가 들어가겠소!"

그러자 다른 신부가 말했다.

"내가 들어가겠소!"

그러자 또 다른 신부가 말했다.

"내가 들어가겠소!"

세 신부가 한꺼번에 타르가 든 솥 안으로 뛰어 들어갔다. 얼마 동안 끓었고 솥을 불에서 꺼냈다. 신하들이 보니 신부들도 뼈만 남아 있었다. 엑바 피리스는 말했다.

"내가 들어 보니 한 신부가 '하나님!' 하고 말했습니다. 그래서 그들은 살아나지 못했고 황제도 살아나지 못했습니다."

엑바 피리스는 집으로 갔다.

얼마 동안 지냈는데 어느 날 세 마리의 말이 끄는 썰매가 도착했다. 한 사람이 집으로 들어왔다.

"엑바 피리스, 당신을 부릅니다."

"누가요?"

"황후가 부르십니다."

엑바 피리스는 옷을 입고 준비를 했다. 황후에게 도착했다. 황후가 말했다.

"우리 집으로 갑시다."

그들은 황후의 집으로 가서 궁전 안으로 들어갔다. 황후가 말했다.

"당신이 어떻게든 우리 남편을 살아나게 했으면 좋겠어요."

엑바 피리스가 황후에게 말했다.

"함께 삽시다."

황후가 말했다.

"왜 여기서 살면 안 되겠어요? 저도 그런 생각이 들었어요."

엑바 피리스는 말했다.

"할머니를 이리로 모시고 오겠소."

엑바 피리스는 할머니를 모시고 왔다. 노래에서 칭송받

고 이야기 속에서 칭송받는 엑바 피리스는 지금도 행복과 평안 속에서 살고 있다.

엑바 피리스 이야기

엑바 피리스가 할머니와 살고 있었다. 손자는 벌이는 했지만 아무것도 잡아 오지는 못했다. 그는 할머니에게 말했다.

"곡식을 파종했으면 좋겠어요!"

할머니가 대답했다.

"그럼 씨를 뿌리렴!"

그는 가서 씨를 뿌렸다.

두 번째로 가서 보았다.

"싹이 텄구나."

그는 집으로 돌아와서 할머니에게 말했다.

"우리 곡식이 움이 텄어요. 풍년이 되겠어요."

다시 가서 보니 무엇인가가 씨앗을 모두 먹어 버렸다. 집으로 와서 말했다.

"뭔가가 우리 곡식을 먹어 버렸어요."

그는 덫을 놓고 집으로 왔다. 다시 가서 덫을 검사하니 두루미가 걸려 있었다. 손자가 말했다.

"두루미가 내가 키운 곡식을 먹어 치운 것이었어요. 그러니 죽이겠어요!"

그러고는 몽둥이를 잡았더니 두루미가 말했다.

"저를 때리지 마세요! 저를 죽여도 당신에게 아무 이득이 없잖아요. 저를 죽이지 마세요! 제가 당신께 부와 행운을 가져다드릴게요."

"내가 너를 어디서 찾는단 말이냐? 너는 펄쩍 날아서 도망가 버릴 텐데."

"아니에요. 제가 표시를 해 놓을게요. 당신은 내 흔적을 따라오세요."

그는 두루미를 놓아주었고 할머니에게 가서 말했다.

"두루미가 우리 곡식을 모두 먹어 치워 버렸어요. 덫에 두루미가 걸렸는데 제가 놓아주었어요."

"왜 놓아주었니?"

"두루미가 제게 부와 행운을 가져다준다고 약속했거든요."

엑바 피리스는 이렇게 할머니에게 말했다.

그는 두루미를 찾기 시작했다. 가고 가다가 어느 집에 도착했다. 들어가 보니 어떤 남자가 누워 있었고 여자는 앉아 있었다. 그들은 데운 비계와 얼린 비계를 가져왔고 꿀물을 가져다주었다. 그는 먹고 마셨다. 그러자 남자가 일어나서 물었다.

"엑바 피리스가 온 것입니까?"

"네, 제가 왔습니다."

그러자 남자는 집의 앞쪽 구석으로 갔다. 거기서 여름에 잡은 다람쥐 가죽을 찾아서 엑바 피리스에게 가져다주었다.

"이제 집으로 가세요. 더 이상 아무것도 없어요. 이걸 가지고 집으로 가세요! 이 선물을 할머니께 드리고 그것을 한 곳에 잘 거두어 보관하시라고 하세요!"

엑바 피리스는 집으로 가서 선물을 할머니께 드렸다. 잠자리에 들었다. 아침에 눈을 떴다. 엑바 피리스는 손을 뻗었다. 손이 따뜻해졌다. 다리를 뻗었더니 다리도 따뜻해졌다.

그가 일어나서 보니 가죽과 담비 털가죽, 여우 털가죽이 걸리지 않은 못이 하나도 없었다. 그다음에 밖으로 나와 보니 사람들이 창고와 집을 짓고 있었다.

엑바 피리스는 그렇게 하루를 보냈고 둘째 날이 되었다. 그에게 도시의 용사이자 도시의 어른이 와서 밀가루를 부탁했다.

"친구여, 내게 밀가루를 좀 주시오!"

엑바 피리스는 그에게 밀가루를 주었다.

도시의 용사는 밀가루로 만든 빵을 먹고 난 후 또 와서 엑바 피리스에게 여름에 잡은 다람쥐 가죽을 달라고 하기 시작했다.

"다람쥐 가죽에 대해 마땅한 가격을 주시지 않겠어요?"

엑바 피리스는 물었다.

“주겠네.”

도시의 용사는 대답했다. 그러자 엑바 피리스는 다람쥐 가죽을 그에게 팔았다. 하루가 지났고 잠자리에 누웠다. 잠에서 깨었다. 엑바 피리스는 손을 뻗었다. 손이 추웠다. 다리를 뻗었더니 다리도 추웠다. 밖으로 나가 보니 사람들도 없고 집도 창고도 사라져 있었다.

그러자 엑바 피리스가 또다시 그 남자의 집으로 갔다. 남자가 말했다.

“왜 이렇게 빨리 돌아오셨어요? 내가 준 선물들은 어쨌어요?”

엑바 피리스가 그에게 대답했다.

“도시의 용사이자 어른이 다람쥐 가죽을 샀어요. 값을 잘 주었어요.”

그러자 남자는 다시 예전의 그 마당 구석으로 가서 봄에 잡은 검은 꼬리 흰 족제비 가죽을 가져와서 엑바 피리스에게 주었다. 엑바 피리스는 봄에 잡은 검은 꼬리 흰 족제비 가죽을 가지고 집으로 왔다. 또다시 잠자리에 들었다. 잠에서 깨어서 손을 뻗어 보니 손이 따뜻했다. 다리를 뻗어 보니 다리가 따뜻했다. 일어나서 주위를 둘러보니 담비와 다른 짐승들의 털가죽이 걸리지 않은 못이 없었다. 밖으로 나와 보니 사람들이 또다시 일을 하고 있었다.

그에게 도시의 용사, 도시의 어른이 왔다.

"도시의 용사가 우리에게 오고 있어요."

사람들이 말했다.

"정말 당신들한테 가는 거요? 그는 내게 오는 거요."

엑바 피리스가 대답했다.

도시의 용사, 도시의 어른이 엑바 피리스에게 와서 말했다.

"내게 밀가루를 좀 주시오!"

엑바 피리스는 그에게 밀가루를 주었고 그는 바로 집으로 갔다. 그는 집에서 하루를 머물면서 그동안 밀가루를 모두 먹고는 다음 날 또다시 와서 봄에 잡은 검은 꼬리 흰 족제비 가죽을 달라고 했다. 엑바 피리스는 또다시 그에게 검은 꼬리 흰 족제비 가죽을 주었다.

그렇게 엑바 피리스는 잠자리에 들었다. 잠이 깨서 손을 뻗으니 손이 추웠다. 다리를 뻗으니 다리가 추웠다. 일어났다. 그 앞에는 곰팡이 덮인 매우 더러운 집이 있었다. 엑바 피리스가 나와 보니 그 앞에 있던 모든 것이 또다시 사라졌다. 집도 없고 창고도 없고 사람들도 없었다.

그러자 엑바 피리스는 세 번째로 그 남자에게 갔다. 그는 집에 있었다.

"왜 또 온 것이오?"

남자가 물었다.

"또다시 아무것도 없다오. 모든 것을 도시의 용사에게 주었다오."

엑바 피리스가 말했다.

그러자 남자는 화가 나서 그를 욕하기 시작했다.

"내가 당신께 부와 행운을 주었는데 당신은 그것을 손에 쥘 줄도 모르는군요. 이제 맘대로 하시오. 그냥 집으로 가시오!"

엑바 피리스가 빈손으로 나가려고 준비를 하는데 두 번째 남자가 그를 멈추더니 말했다.

"기다리시오. 가지 마시오!"

그리고 직접 집의 그 구석으로 가서 울버린의 발톱을 꺼내 와서 엑바 피리스에게 주었다.

"가시오. 집으로 돌아가면 바로 도시의 용사, 도시의 어른에게 가시오. 울버린의 발톱을 가져가시오. 그에게 밀가루를 달라고 하세요. 그는 밀가루를 어디에 부어 줄까 하고 물을 거요. 그러면 발톱을 꺼내서 거기에 부어 달라고 하시오. 도시의 용사가 깜짝 놀라서 이렇게 말할 거요. '정말 그런 작은 발톱에 들어갈 수 있단 말이냐?' 그는 당신에게 밀가루를 자루에 부으라고 말할 거요. 그러면 그렇게 하지 말고 그만한 양이면 충분하다고 고집을 피우시오. 밀가루를 울버린 발톱에 부어 달라고 요구하시오. 밀가루를 발톱에 쏟기 시작하면 아무리 많이 쏟아도 채워지지 않을 거고, 창고는 금방 텅 비게 될 거요. 이것을 보면 도시의 용사는 당신에게 밀가루를 도로 창고에 쏟아 넣으라고 애원하게 될 거요. 그래도 밀가루를 쏟아 넣지 말고 계속 그렇게 하시오. 그러면 도시의 용사는 당신에게 검은 꼬리 흰 족제비 가죽, 다람쥐 가죽을 돌려주겠다고 제안할 거요. 만약 그가 그렇게 말하면 재빨리 밀가루를 도로 창고에 쏟아붓고 당신의 가죽을 챙겨서 집으로 가시오."

엑바 피리스는 주의 깊게 듣고 모든 것을 알아차리고 집으로 갔다. 할머니에게 가서 그 일을 얘기하고 남자가 말했던 대로 모든 것을 하기로 결심했다.

그는 도시의 용사에게 갔다. 그의 집에서 사람들이 일하고 있었다.

"도시의 용사여, 우리에게 엑바 피리스가 와요!"

사람들이 말했다.

도시의 용사는 밖으로 뛰어나와 말했다.

"정말 엑바 피리스가 당신들한테 간단 말이오? 그는 나한테 오는 거요."

엑바 피리스가 도착했다.

"내게 무슨 용무요? 왜 왔소?"

도시의 용사, 도시의 어른이 물었다.

"밀가루가 필요합니다."

엑바 피리스가 말했다.

"밀가루를 줄 테니 가져가시오. 넣어 갈 데는 있소?"

도시의 용사가 말했다.

"있습니다."

엑바 피리스가 대답했다.

그들은 밀가루가 있는 창고로 갔다. 엑바 피리스는 울버린 발톱을 꺼냈다. 도시의 용사가 말했다.

"그렇게 작은 자루로 되겠소이까? 그렇게 적은 양으로 배부르겠소? 진짜 자루가 낫지 않겠소? 자루를 가져오시오. 내가 아까워하지 않고 꽉 채워 주겠소."

엑바 피리스가 말했다.

"아니에요. 이것으로 충분해요."

밀가루를 붓기 시작했다. 아무리 부어도 울버린 발톱은 채워지지 않았다. 이렇게 창고가 비어 가기 시작했다.

그러자 도시의 용사는 애원했다.

"자, 밀가루를 그만 부으시오. 곧 내 창고가 텅 비겠소. 충분해요. 제발, 먹을 것이 하나도 안 남겠소. 당신의 검은 꼬리 흰 족제비 가죽과 다람쥐 가죽을 가져가고 밀가루를 도로 쏟아 놓으시오."

엑바 피리스는 밀가루를 도로 창고에 쏟았고, 도시의 용사, 도시의 어른은 족제비와 다람쥐 가죽을 모두 그에게 돌려주었다.

엑바 피리스는 가죽을 가지고 집으로 갔다. 집에 도착해서 할머니와 함께 잠자리에 들었다. 아침에 눈을 떴다. 엑바 피리스는 손을 뻗었다. 손이 따뜻했다. 다리를 뻗으니 다리가 따뜻했다. 일어나서 집을 둘러보니 담비 가죽과 다른 짐승들의 가죽이 걸리지 않은 못이 하나도 없었다. 밖으로 나왔더니 사람들이 나무를 베어 창고와 집을 짓고 있었으며, 재빨리 창고를 다 지었다. 엑바 피리스가 그 안으로 들어갔더니 창고는 또다시 꽉 차 있었다. 행운과 부와 함께 엑바 피리스는 지금도 살고 있고 겨울을 나고 있다.

처음 죽은 이들

날개 달린 파스테르족 사람과 발 큰 파스테르족 사람이 쇠약해지기 시작했다. 그들은 아내들에게 이렇게 말했다.

"들어 보시오, 사람들이 오면 사람들에게 우리를 위해 보리수나무로 관을 만들어 땅 위에 놓으라고 하시오."

그들은 죽었다. 사람들이 왔다. 사람들이 여자들에게 물었다.

"어떤 관을 만들까요?"

아내들이 대답했다.

"보리수나무 관요."

"어디다 놓을까요?"

"땅속에요. 세 아르신 깊이로 파서 그 관들을 묻어 주세요."

그들은 땅에 그들을 묻었다. 죽은 자들이 누워 있었다. 마침내 7년이 흘렀다. 그들은 관을 열려고 했지만 그들이 땅속에 묻혔다는 것을 알게 되었다. 흙이 덮쳐서 발 큰 파스테르족 사람은 숨이 막혀 죽었다. 날개 달린 파스테르족 사람이 말했다.

"우리의 아내들이 우리를 1000일이 넘게 완전히 묻어 버렸구나."

그런 다음 그는 세 번 소리쳤고 사람들이 그를 발견했다. 사람들이 찾고 찾아서 무덤 중간까지 도착했을 때 날개 달린 파스테르족 사람이 마술을 걸었다.

"더 늦게 태어난 아가씨, 더 늦게 태어난 젊은이는 내가 1000일이 넘게 죽었던 것처럼 그렇게 묻혀 있도록 해라."[43]

---

43) 화자는 파스테르의 죽은 사람들이 누운 관을 땅 위에 놓았다면 7년이 흐른 뒤에 그들은 소생할 수 있었을 것이고 사람들도 7년 동안만 죽어 있으면 되었는데 그들의 아내가 게을러서 남편들이 사냥감을 가져오면 일거리가 생기는 것이 지겨워서 이 일에서 해방되기 위해 남편들을 땅속에 묻은 것이라고 설명하고 있다.

참새

내 수수께끼는 이렇다.
“참새야, 참새야, 네 머리는 뭐니?”
“봄 물을 마시기 위한 국자야.
“네 주둥이는 뭐니?”
“봄 얼음을 쪼기 위한 쇠꼬챙이야.”
“네 혀는 뭐니?”
“강 위 먹이를 퍼 올리는 노야.”
“너의 등은 뭐니?”
“강 밑의 먹이를 위한 배야.”
“너의 창자는 뭐니?”
“일곱 마리의 사슴을 잡기 위한 올가미야.”
“너의 위는 뭐니?”
“일곱 네네츠 여인들의 부싯돌을 위한 주머니야.”
“너의 발은 뭐니?”
“봄 집을 버티는 다리야.”
“너의 날개는 뭐니?”
“봄 집의 지붕이야.”
“너의 꼬리는 뭐니?”

"일곱 개를 먹이는 먹이통이야."

토끼

옛날에 토끼가 살았다. 호숫가 풀 속에서 계속 뛰어다녔다. 어느 날 풀잎에 입술이 잘려 버렸다. 토끼는 불에게 하소연하러 갔다.

"불아, 호숫가의 풀을 태워 버려!"

"풀이 너한테 무슨 일을 했는데?"

불이 물었다.

"내 입술을 잘랐어."

토끼가 대답했다.

"네가 배가 부른 줄도 모르고 먹었나 보구나!"

불이 말했다.

토끼는 물에 가서 말했다.

"물아, 와서 불을 꺼 버려!"

"불이 너한테 어떻게 했는데?"

"불이 호숫가의 풀을 태우지 않잖아!"

"풀이 너한테 무슨 나쁜 일을 했는데?"

"내 입술을 잘랐어."

"네가 배가 부른 줄도 모르고 먹었나 보구나!"

토끼는 활과 화살을 가지고 있는 두 소년에게 가서 말했다.

"애들아, 물을 쏴라!"

"물이 너한테 무슨 나쁜 일을 했는데?"

"와서 불을 끄지 않아!"

"불이 너한테 무슨 나쁜 일을 했는데?"

"호숫가의 풀을 태우지 않았어!"

"풀이 너한테 무슨 나쁜 일을 했는데?"

"내 입술을 잘랐어!"

"네가 배가 부른 줄도 모르고 먹었나 보구나!"

토끼가 곰한테 가서 말했다.

"곰아, 곰아, 활을 쏘지 못하도록 소년들의 활시위를 갉아서 끊어 버려!"

곰은 토끼가 불쌍해서 활시위를 갉아 끊으러 갔다. 하지만 하지 못했다. 소년들은 활을 잡고 활시위를 당겨 화살을 물에 쏘았다. 물을 쏘자 물이 와서 불을 끄러 갔다. 불이 깜짝 놀라서 풀한테로 달려갔다. 풀이 타기 시작했고 풀 속에서 토끼가 깡총깡총 뛰어다녔다. 어쩔 줄 몰라서 불을 피해 도망치기 시작했고 다리와 귀가 타 버렸다.

해 설

만시인 설화

만시인의 설화 총 열네 편이 이 책에 소개되었다. 신화는 네 편으로 세 편이 창조 신화이고 한 편이 영웅 신화다. 창조 신화는 <세상의 창조>, <해와 달을 얻은 이야기, 땅 위에 새와 동물이 생겨난 이야기>, <사람이 창조된 이야기>다. <세상의 창조>는 세상의 창조에 관한 신화다. 작은 검댕이에서 생겨난 땅(툰드라)의 발생, 사람들의 창조, 여자와 남자의 창조, 벌레에서 나온 짐승들, 여자와 남자가 만나 아이들을 낳는 이야기가 나온다. <해와 달을 얻은 이야기, 땅 위에 새와 동물이 생겨난 이야기>는 선악 구도의 창조 신화다. 천신 '눔 토룸'의 아들이 땅에 내려와 살다가 '훌 오티르'에게서 해와 달을 빼어 오고, 나뭇잎, 돌, 나무로 새와 동물을 만들고 돌아간다는 이야기다. <사람이 창조된 이야기>는 천신이 사람을 만든 이야기가 자세히 설명되는 신화다. '이올리 토룸 샨'의 명령으로 '눔 토룸'은 '토팔 오이카'에게 사람을 만들도록 시켰다. 훌 오티르는 나무 사람들을 토룸 신에게 가져갔지만 훅 불자 날아가 버렸고 진흙으로 만든 사람을 다시 칼타시 엑바에게 가져가 소생시켜 결국 사람은 진흙으로 만들어지게 되었다. 원래는 더 단단하고 견고한 나무로 만들어졌으나 실수로 인해서 더 견고하지 못하고 물에 가라앉는 불완전한 존재인 진흙으로 만든 사람이 채택되었다는 이야기다.

<땅의 기원에 대한 성스러운 이야기>는 영웅 신화다. 토룸 신의 아들 '타리크 페슈 니말랴 소프'가 결혼하기 위해 땅에 내려와 '키르트 놀프 엑바' 노파의 도움으로 여러 가지 마법을 써서 악마를 물리치고 미녀 아내를 얻어 땅 위에 남게 된 이야기다.

전설은 모두 네 편이다. 자연물 전설로는 <달이 땅에 다녀간 이야기>, <다리 여섯 달린 사슴 사냥>, <땅에 띠 두르기>이며, <북풍 이야기>는 유래 전설이다. <달이 땅에 다녀간 이야기>는 빵과 소금의 중요성을 일깨워 주는 전설이다. 밤에 아이들이 달을 보고 놀리자 달이 땅에 내려와 아이들을 잡아먹으려고 하지만 할머니가 아이들을 숨겨 놓는다. 식탁에 놓아두었던 빵과 소금은 할머니를 도와주려고 사람들이 자신들을 솥에 던져 넣고 화덕에 구워도 화를 내지 않는다며 달을 달래서 돌려보낸다. <다리 여섯 달린 사슴 사냥>은 큰곰자리와 은하수가 생긴 기원에 대한 전설

이다. '모시 훔'이 다리 여섯 달린 사슴을 쫓은 길이 은하수가 되었고 두 다리가 잘린 사슴은 큰곰자리가 되었다고 한다. <땅에 띠 두르기>는 자연물 전설이며 우랄산맥이 생겨난 유래 전설이다. 두꺼운 가죽 같은 땅이 계속 흔들거리자 땅의 여신 '이올리 토룸 샨'이 '칼림'을 시켜 '토룸' 신에게 땅에 띠를 둘러 달라고 부탁했고 그렇게 생겨난 것이 우랄산맥이라는 전설이다. <북풍 이야기>는 북풍에 관한 유래 전설이다. 북풍이 너무 불어서 사람들이 얼어 죽자 한 사람이 북풍과 싸우러 가서 화살로 아래턱을 반이나 깨뜨려서 북풍이 사라져 버렸다. 그러자 너무 더워서 사람들이 병이 들기 시작했지만 얼마 후 아래턱이 회복된 북풍이 적당히 다시 불기 시작했다는 이야기다.

민담은 영웅담이 세 편, 유래담이 한 편, 동물담이 두 편이다. 영웅담은 <엑바 피리스에 대한 첫 번째 이야기>, <엑바 피리스에 대한 두 번째 이야기>, <엑바 피리스 이야기>다. 이 이야기들은 주인공이 모두 '엑바 피리스'인데, 할머니와 살던 엑바 피리스가 못된 황제를 혼내 주고 황후와 결혼해 사는 내용이거나, 못된 사제나 욕심 많은 노인과 황제 등을 혼내 주고 성공해서 할머니와 함께 살아간다는 내용이다. 유래담은 <처음 죽은 이들>로 사람이 영영 죽게 된 이유를 설명하고 있다. 날개 달린 파스테르족 사람과 발 큰 파스테르족 사람이 쇠약해지기 시작했고 그들은 아내에게 자신들이 죽으면 보리수나무로 관을 만들어 땅 위에 놓아두라고 했지만 아내들이 관을 땅속 깊이 묻어서 그들은 소생하지 못하고 영영 죽게 되었다고 한다.

동물담은 <참새>, <토끼>다. <참새>는 아무리 조그마한 참새라도 머리부터 발끝까지 버릴 곳 하나 없는 유용한 동물이라는 이야기다. <토끼>는 토끼가 풀잎에 입술이 잘리자 불한테 풀을 태우라고 하고, 물한테 불을 끄라고 하고, 소년한테 화살을 물에 쏘라고 하고, 곰한테 소년의 활시위를 끊으라고 하는데 결국 풀에 불이 붙어 토끼도 다리와 귀가 타는 피해를 입는다는 내용이다. 토끼의 어리석음을 꼬집는다.

만시인의 기원과 언어

러시아 자료에 따르면, 11세기 말부터 만시인(Манси, 예전에는 Маньси, Маньсь)은 한티인과 함께 '유그라'(Югра)라는 이름으로 알려지기 시작했다. 그러다가 14세기부터는 '보굴리치', '보굴리'(Вогулы)로 명명되었다. 이는 '보굴카' 강에서 만시인이 유래했을 가능성이 높다고 지적하는 학계의 의견에 대한 근거가 된다.

만시인들은 다른 민족과 구별해서 자신들을 '만시 마훔'('만시족'이란 뜻)이라 부른다. 만시인은 기원과 풍습이 다른 두 개의 씨족이 만나 족외혼을 기반으로 형성되었는데, 포르(Пор)족과 모시(Мось)족이 그 두 씨족이다. 이 두 씨족의 남성과 여성들은 혼인으로 만나 한 민족을 이루게 되었고 이런 혼인 전통은 계속되었다. 포르족은 우랄계 토착민이고 모시족은 우그르계 후손이다. 포르족의 조상은 곰이라고 여겼고 모시족의 조상은 거위, 암토끼, 나비로 형상화되는 칼타시 여신이라고 생각해서 이 동물들을 숭배하고 신성시했다.

만시인의 신체적 특징은 보통 작은 키(남성의 평균 키가 160센티미터 이하다), 균형 잡힌 몸, 검은색이나 갈색의 부드러운 직모, 검은 눈, 평균적인 높이와 넓이의 코, 상대적으로 큰 입과 굵지 않은 입술 등이다.

현재 만시인은 주로 스베르들롭스크주(州)의 '한티-만시 자치구'(Ханты-мансийский автономный округ)에 거주하고 있는데, 이 자치구는 1940년에 형성되었으며, 1930년에 형성되었던 오스탸크-보굴 민족자치구가 바뀐 것이었다. 2010년 러시아 인구조사에 따르면 만시인의 수는 12,269명이다.

만시어는 구술성에 기반한 언어였으나, 1931년 라틴어 문자를 차용하여 표기하다가 1937년부터는 러시아어를 표기문자로 사용했다. 표준어는 소시바 방언이다. 그러나 러시아의 적극적 동화정책의 영향으로 종족의 60% 정도는 러시아어를 사용하고 있다.

만시인의 전통 직업

만시인은 사냥, 어로, 순록 사육, 농사, 가축 사육 등에 주로 종사했다. 사냥에는 다양한 올가미나 덫과 자동 화살을 이용했다. 어로는 오비강과 북(北)소시바강에서 했다. 어업에서는 작살과 그물을 사용해 물고기를 잡거나, 방둑으로 얕은 개천을 막아서 물고기를 잡는 방법이 사용되었다.

만시인들은 여러 지역과 북소시바강 상류에서 사슴 사육을 했고 이웃 민족인 한티인들도 13~14세기에 사슴 사육을 했다. 또한 말을 사육하거나 소, 염소 등 뿔 달린 가축도 길렀다. 이외에도 가금류도 많이 사육했다.

만시인은 시베리아산 잣을 수확해서 수입을 올렸으며, 잣나무 뿌리를 엮어서 그릇이나 상자, 바구니 등을 만들어 사용했다. 가내 수공업이 발달하여 자작나무 껍질로 상자나 여러 식기와 용기 등을 만들었으며, 자작나무로는 채롱, 식기류, 물통 등을 만들었다. 도자기 제품도 발달했다. 무기로는 화살과 활, 창, 쌍날 창, 다양한 단검, 방패 등을 만들어 사용했다. 만시인은 대장장이로 유명했으며 나무 세공으로도 이웃 민족들에게 잘 알려져 있었다.

만시인의 주거 형태

만시인의 주거 형태는 상주용(겨울)과 계절용(봄, 여름, 가을)으로 나뉘는데, 사냥철에는 사냥터나 조업지로 옮겨 다녀야 하기 때문에 이동식 천막에 거주했다. 한 마을은 보통 크고 작은 규모의 몇 가족, 주로 한 씨족의 가족들이 모여 구성했고 함께 이동하고 함께 모여 살았다.

겨울용 전통 가옥은 직각의 통나무 집 형식이고 드물게 점토 지붕을 얹었으며, 남쪽 지역에서는 러시아식의 이즈바(통나무 집)를 지었다.

여름에는 장대를 이용해서 만든 추마(이동식 천막)에서 생활했다. 겉에는 자작나무 껍질을 씌우는 것이 많았는데, 순록 사육자들은 순록 가죽을 이용해 천막을 덮기도 했다.

집 안에는 아궁이를 만들어 불을 때서 난방을 하고 불을 밝혔다. 아궁이는 보통 장대에 점토를 발라 만들었고 위가 열려 있었다. 빵을 굽거나 조리를 할 때는 주로 별도의 화덕을 사용했다. 만시인들은 여성들이 생리 주간에 별도로 마련된 집에서 생활하는 풍습이 있었다.

만시인의 전통 의상

만시인은 겉옷의 재료로 '소프(COB)'라고 불리는 순록 가죽을 많이 사용한다. 겨울에 준비해 놓은 가죽으로 외출용 옷과 여름용 여성 겉옷을 만들었다.

옷은 보통 쐐기풀 줄기로 만든 실이나 동물의 힘줄을 이용해서 지어 입었다. 또한 순록 다리 가죽인 '카무스'로 신발이나 벙어리장갑을 만들었다.

만시 남성들의 복장은 보통 셔츠와 바지가 기본이었다. 바지는 모피로 주로 지어 입었고 바지 길이는 짧은 편이었는데 긴 양말을 신고 바지를 양말에 넣어 입었다. 이동하거나 사냥을 할 때는 단추가 없고 모자가 달린 겉옷을 입거나 순록 가죽으로 만든 긴 외투를 입었다. 남성들은 겉옷 위에 허리띠를 둘렀는데 재료는 다양한 천이나 가죽을 사용했다. 그리고 허리띠에는 금속 장식이나 뼈로 만든 장신구를 달았다. 또한 허리띠에 단검을 꽂는 칼집을 반드시 매달았다. 어떤 사람들은 숭배 동물인 곰의 이빨을 매달아 놓아 액운을 막았다.

만시 남성들은 머리를 자르지 않고 길렀으며, 두 갈래로 땋아서 끝을 고리나 훅 같은 것으로 묶었다. 남성들도 귀걸이를 했고 여러 개의 반지를 한 손가락이나 여러 손가락에 끼었다.

만시 여성은 원피스와 외투, 폭이 넓고 긴 상의를 입었다. 만시 여성들의 원피스는 러시아 여성들의 의상과 유사했지만 소매 부분이 점점 좁아지고 가슴 부분에 주름이 많이 잡혀 있는 것이 특징이었다. 만시 여성의 의상에서 가장 눈에 띄는 것은 가슴 부분의 화려한 장식이다. 아마포 위에 다양한 색깔의 반짝이는 구슬들을 그물처럼 달아 놓아 장식했다. 만시 여성들은 반지, 귀걸이 등의 다양한 장신구를 하고 다녔다.

만시 여성들의 외투는 주로 순록 모피로 만들었으며 단추나 훅이 없는 망토 형태였다. 만시 여성은 흰색 순록 가죽 외투가 가장 화려하고 예쁘다고 생각해서 가장 비싸다.

만시 여성들은 머리를 길러 땋았는데, 구슬이나 금속, 동물 뼈로 만든 장식물을 붙인 천이나 끈, 리본 등을 이용해서 머리를 장식했다. 하지만 만시 여성들은 머리를 화려하게 장식했더라도 스카프를 둘러 가리고 다녔는데, 머리를 드러내놓고 다니면 불행이 온다고 믿었기 때문이다. 또 앞부분을 굵은 구슬과 동전으로 장식한 머리띠를 두르기도 했다.

만시인들은 여름에는 목이 긴 가죽신을 보통 신었고, 겨울에는 스키를 타고 다니기에 장화를 신었는데 재료는 가죽을 사용했다. 신발 속에는 긴 양말을 신었다.

만시인의 음식 문화

만시인은 주로 생선과 육류를 먹었다. 생선은 날것으로 먹기도 했고, 삶거나 쪄서 먹기도 했으며, 냉동하거나 말리거나, 염장하거나 훈제해서 먹기도 했다. 생선 내장도 버리지 않고 다양하게 먹었는데, 생선 기름은 그대로 먹기도 하고 나무 열매와 함께 먹기도 했다. 어란도 즐겨 먹는데, 염장해서 먹기보다는 주로 생선 기름에 익혀 먹었다. 작은 생선을 꼬치에 꽂아 구워 먹는 것도 좋아해, 보통 열 마리 정도씩 버드나무 꼬챙이에 꽂아서 소금을 뿌리고 모닥불 근처에서 구워 먹었다.

사육한 동물(주로 순록) 고기나 사냥한 동물들은 염장하거나 훈제해서 보관했다가 다양한 요리에 사용했다. 사육한 순록은 축제나 명절에 주로 잡았다. 야생 열매나 여러 가지 과일은 저장용으로 비축했다가 요리에 사용하거나 그대로 먹었다.

겨울 사냥 시즌이 시작되면 사냥꾼들은 다람쥐를 많이 잡아서 위를 분리해 두었다. 잣 수확 철이 되면 다람쥐 위에 잣을 채워 보관했다. 사냥꾼들은 배가 고프면 잣이 든 다람쥐 위를 구워서 먹었는데 별미로 여겼다.

만시인들은 자작나무 수액을 좋아한다. 봄, 여름 등 수액 이동 철에 자작나무 수액을 모았다가 여러 용기에 보관했고 오랫동안 먹었다.

만시인의 전통 신앙과 세계관

만시인의 전통 신앙에는 범신론, 수호신과 조상 숭배, 곰 숭배 사상 등이 남아 있다. 만시인은 18세기에 러시아정교를 수용하기 시작해서 현재 형식적으로는 정교를 믿지만 이런 민간 신앙 전통은 여러 풍습 속에 남아 있다.

만시인의 신화에 따르면, 세계 창조 당시 저 바다 밑에서 땅을 끌어 올린 것은 '룰리'라는 이름의 물새였다고 한다. 또 다른 신화에 따르면 쿨-오티르라는 신이 직접 땅을 끌어 올렸다고도 한다.

만시인은 세계에 세 영역이 있다고 믿었다. 즉 공중, 바다, 지상 이렇게 세 영역이다. 그래서 물새가 가장 위대하다고 여겼는데 바로 이 세 영역을 모두 섭렵하기 때문이다.

판테온에서 가장 높은 신은 '누미-토룸'과 그의 아들 '코르스-토룸'이다. 지하 세계는 악령인 '쿨-오티르'가 지배한다. 대지의 여신은 '칼타시-엑바'라고 여겼고 태양의 여신은 '호탈-엑바'이며 이 외에도 다양한 신의 존재를 믿었다.

만시인들은 남자에게는 다섯 개 또는 일곱 개의 영혼이, 여성에게는 네 개 또는 여섯 개의 영혼이 있다고 믿었다. 그 영혼들 중에서 두 개가 가장 중요한데 한 영혼은 같은 성별(性別)의 아이에게 들어가 환생하게 되고 또 다른 한 영혼은 쿨-오티르 왕국으로 떠난다고 여겼다. 본질적으로 영혼들은 힘과 자연 현상의 의인화였다. 만시인의 전통 신앙과 이와 같은 세계관은 현재까지도 만시인의 생활 곳곳에 녹아들어 있다.

만시인의 설화가 한국에 소개되는 것을 계기로 한국 독자들이 만시인의 삶과 세계관에 한 발 더 다가서게 되어 세계에는 수많은 민족들이 존재하고 그들에게 각각의 삶과 정신문화가 존재함을 실감하는 기회가 되었으면 하는 작은 바람을 가져 본다.

옮긴이에 대해

안동진은 한국외국어대학교 노어과와 동 대학원을 졸업했으며, 이반 투르게네프에 대한 논문으로 박사학위를 받았다. 논문으로는 <이반 촌킨, 그 뒤섞인 세계> 등이 있으며, 역서로는 ≪체호프 아동 소설선≫(2014), ≪돌간인 이야기≫(2017), ≪아이누인 이야기≫(2018) 등이 있다. 현재 학생들과 글 쓰는 방법을 함께 공유하고 있으며, 러시아와 캅카스 소수민족의 삶과 문화에 대한 글을 발표하고 있다.

만시인 이야기

작자 미상
옮긴이 안동진
펴낸이 박영률

초판 1쇄 펴낸날 2019년 8월 25일

지식을만드는지식
02880 서울시 성북구 성북로 5-11 (성북동1가 35-38)
전화 (02) 7474 001, 팩스 (02) 736 5047
출판등록 2007년 8월 17일 제313-2007-000166호
전자우편 zmanz@commbooks.com
홈페이지 www.commbooks.com

ZMANZ
5-11, Seongbuk-ro, Seongbuk-gu, Seoul, 02880, KOREA
phone 82 2 7474 001, fax 82 2 736 5047
e-mail zmanz@commbooks.com
homepage www.commbooks.com

ISBN 979-11-288-3162-1
979-11-288-3163-8(큰글씨책)
979-11-288-3164-5(PDF 전자책)
책값은 뒤표지에 있습니다.